The Secret Hawaiian System for Wealth, Health, Peace, and More
Featuring the ancient Hawaiian teachings of Ho'oponopono

あなたを
成功と富と健康に導く

ハワイの秘法

ジョー・ヴィターリ
JOE VITALE
イハレアカラ・ヒューレン
Ihaleakala Hew Len, Ph.D.
東本貢司［訳］

PHP

zero limits

〈ホ・オポノポノ〉は、内なる神格との作用関係を醸成《じょうせい》し、一瞬ごとに私たちの思考、言動、行為、ないしは行動に宿る誤りを浄化させるすべを学ぶ、深遠なる贈り物であり、過去から脱却する自由、完全なる自由を得るために欠かせないものです。

――モーナ・ナラマクー・シメオーナ

〈ホ・オポノポノ〉主任講師
〈セルフ・アイ＝デンティティー〉創始者
一九八三年、ホノルル・ホンワンジ伝道協会
およびハワイ州議会により人間国宝に指定

モーナとカーイに

——ヒューレン博士

マーク・ライアンとネリッサに

——ヴィターリ博士

謝辞

本書をしたためるに当たって最大の感謝を捧げるべき二人の人物――掛け替えのない親友にして、異能のセラピストの物語をわたしに教えてくれたマーク・ライアン、そして、その異能のセラピストで我が最新の掛け替えのない友人、イハレアカラ・ヒューレン博士。

愛する伴侶にして、我が最高のサポーター、ネリッサ。

本書の上梓に際し、ただならぬ尽力をいただいたマット・ホルトとジョン・ワイリー&サンズの皆さん。

アシスタントとして、また広報担当として中心的役割を果たしてくれたスザンヌ・バーンズ。

傑出した〝黒幕グループ〟として大活躍してくれたジュリアン・コールマン＝ウィーラー、シンディー・キャッシュマン、クレイグ・ペリン、パット・オブライアン、ビル・ヒブラー、ネリッサ・オーデン。

本書の校閲、校了に助言をいただいたマーク・ワイサーとマーク・ライアン。

そして、本書の執筆中、わたしを導いてくれた〝神格〟。

どうもありがとう。

緒　言──平穏が始まるところ

親愛なるモーナ・ナラマクー・シメオーナ、すなわち、セルフ・アイ＝デンティティー・ホ・オポノポノの創始者にして最初の導師の座右の銘は「平穏は我とともに始まる」である。

私がこの──すべての理解を超越した──平穏に立ち会ったのは、一九八二年十二月より、一九九二年二月のドイツはキルシュハイムにおけるあの運命的な日に至るまで、彼女とともに勤め、旅した折のことだった。まさに混沌《こんとん》のただ中にある褥《しとね》に人生最後の時を迎え横たわるその時でさえ、彼女はすべての理解を超越した静謐《せいひつ》を発散させていたものである。

一九八二年十一月にモーナより修練を授かり、その後の十年間を彼女とともにあったことは、私にとって掛け替えのない財産となった。以来、私はひとえにセルフ・アイ＝デンティティー・ホ・オポノポノを実践し続けている。そのメッセージがいま、我が友人ジョー・ヴィターリ博士の助力を得て、世界中に届けられようとしているのは真《まこと》に喜ばしい。

しかしてその真実は、私を通して、あなたにこそ届けられねばならない。なぜならば、私たちは皆一つであるがゆえに、すべて内なる心の中に生じてこそなのだから。

イハレアカラ・ヒューレン博士

はじめに――万有の神秘

二〇〇六年、私は「世界で最も並外れたセラピスト」と題する拙文を書いたが、これは、ある精神障害を持つ犯罪者たちを、その誰一人とも一切専門的に接することなく、監房ぐるみで治癒してみせたという某心理学者の物語である。彼が使ったのは、ハワイに伝わるある変わったヒーリング法《メソッド》だった。私がそのメソッドを初めて耳にしたのは二〇〇四年に入ってからのことである。本人を探し出すまでにはさらに二年の月日を費やした。かくて、私はそのメソッドを学んだ上で右の記事を書いたのである。

同記事はインターネットを席巻《せっけん》した。数多《あまた》のニューズグループに掲示され、あらゆる地域の人々の膨大なリストにEメールで送られた。www.mrfire.com における私自身のリストもそれに大いに勇気付けられ、さらに何万人もの人々に転送されることになった。そこからまた順次、各家族や友人たちにも広がっていった。私の推定ではざっと五〇〇万の人々が同記事を目にしたことになる。

彼らは一様に瞠目《どうもく》した。触発された人々もいれば、懐疑的な人々もいた。誰もがさらなる情報を求めた。本書はその欲求と私の探求の旅の一帰結である。

たとえ、私の前著“The Attractor Factor”（関心を惹く要因）における五段階システムを熟知されている方々でも、少なくとも一見しただけでは、ここで私が明らかにしようとしている驚愕《きようがく》の洞察力を理解するには辛いものがあるかもしれない。そこで、私は本書でできるだけシンプルなプロセスの記述を心掛けた。すなわち、私はいかにして、さしたる現実的な努力もなしに、膨大な成果を手にすることができたのか。例えば……。

■私が世に出した〝ナイティンゲイル＝コナント〟オーディオ・プログラム、〝The Power of Outrageous Marketing〟（驚異のマーケティングパワー）は、十年間におよぶ彼らのもとへの日参をやめたあとで実現した。

■ホームレス同然に貧窮の極みにあったしがない物書きの私が、何ら確たる目標もなく、著書を出しベストセラー作家になり、インターネット市場の教祖的存在にまでなった。

■とにかくBMW／Z3スポーツカーが欲しいという願望が、かつて何人《なんぴと》も思いついたこともないインターネット市場の発想を私に授け、それが私にたった一日で二万二五〇〇ドルもの収入をもたらし、わずか一年そこそこで二五万ドルを稼ぎ出した。

■離婚によって打ち萎《ひしが》れていた私が、テキサス州の丘陵地帯にでも家を買って世捨て人のような生活をしてみようかと夢想したことから、新しいビジネスの創造に行き当たり、結果的にそれが日商五万ドルの事業に化けた。

■私が実に三六キロもの減量に成功したのは、ダイエットをいったん諦め、その達成に向けてある新しい方法に心を開いたあとのことだった。

■ベストセラー作家になりたいという欲求が、もともと書くつもりもなく私自身のアイディアでさえなかった本をベストセラーにした。

■ヒット映画"The Secret"への出演は、自ら頭を下げたり嘆願したり意図したりしたこともなければ、何ら画策することもなく、実現した。

■二〇〇六年十一月および二〇〇七年三月の"Lary King Live"出演は、何ら予期せぬ状況から起こった。

■以上のようなことを述べているうちに、ハリウッドのお偉方たちは拙著"The Attractor Factor"の映画化を検討し始め、別の筋とは私のＴＶ番組を作る件で交渉が始まっている。

以上は数例にすぎないが、趣旨はおわかりだろう。私の人生にはこんなにも数多くの奇蹟が起こってきたのである。

なぜなのか。

私はかつてホームレスだった。現在の私はベストセラー作家であり、インターネット界のセレブであり、億万長者である。

そんな成功がいったいどうして私に巡《めぐ》ってきたのか。

そう、私は夢を追った。

そう、私は行動を起こした。

そう、私は決して諦めなかった。

しかし、まったく同じように努力してきたにもかかわらず、成功するまでには至っていない人々はこの世にごまんといる。

何が違うのか。

もし、私がリストアップした成功の一つひとつを多分に批判的な目で見ていただければ、どれ一つとっても私自身が直接創造したわけではないということがわかるだろう。事実、それらすべてに共通するものは、天の配剤《はいざい》による精神なのであり、私は往々にして不本意な参加者だったということなのだ。

言い方を変えよう。二〇〇六年も終わりに近づいた頃、私は“Beyond Manifestation”（霊魂の顕現の彼方に／www.BeyondManifestation.com）なるセミナーを開いたが、これは、私があの謎めいたハワイのセラピストとそのメソッドに出会ってから学んだ事柄に多大な示唆を受けたゆえの産物だった。同イベントにおいて、私は参加者全員に提案した。「人生で何らかの啓示を受けたり引き寄せたりする方法にはどんなものがあるか、思いつくままにすべてリストアップしてみよう」。彼らが述べたのは、前向きになること、視覚的に思い描くこと、意志を持つこと、肉体に覚え込ませること、最終的な結果を感じること、実際に計画を立てること、感情を解き放つテクニック（EFT）を用いること、とにかくやってみること、などなど。各々が自身の夢を叶《かな》えるきっかけとなる方法を一つひとつ書き上げた後、私は問いかけた。そういう方法は、例外なく常に効果があっただろうか。

誰もが、必ずしも効果があったわけではないと答えた。

「では、なぜ効果がなかったのか？」と私は訊《たず》ねた。

誰一人、明快に答えられる者はいない。

そこで私は、私なりの所見を彼らにぶつけた。

「それらの方法にはすべて限界がある。それらは、あなたがた自身が主導権を握っていると思い込みたいがゆえの、いわば玩具にすぎない。実際、あなたがたは主導権を握ってなどいないのだ。そして、真の奇蹟は思い込みを捨て去り、無限《ゼロ・リミッツ》の可能性を秘めたあなたがたの内なる空間を信じることによってもたらされる」

その上で彼らに話したのは次の通り。人生において望み得る場所はそれらすべての玩具を〝超越した〟ところ、騒ぐ心を脱した彼方の、我々が神格《デイヴァイン》と呼ぶずばりその場所にある。そして、人生には少なくとも三つのステージがあり、始まりは「犠牲者」、次に人生の「創造者」へ移り、運がよければ「神の僕《しもべ》」として終わりを迎える。この、後に本書で詳述する最後のステージにあっては、信じられない奇蹟が起きる。それも、一切の努力なしに。

当日、私は自ら運営する〈ヒプノティック・ゴールド〉の会員プログラム用に某専門家にインタヴューを行った（www.HypnoticGold.com 参照）。この人は何冊もの本を書いて数百万部を売ったベストセラー作家で、人々に目標を立てるノウハウを教えるエキスパートであり、その哲学の大半が何かを達成する強い願望を持つことに絡んだものだった。しかし、その方法はどう考えても不完全に思えた。そこで訊《き》いてみた。ある人が目標を達成するどころか、目標を立てるきっかけすら見つけられない場合、あなたはどんなふうにその人を触発するのか。

「それがわかっていたら」彼はのっけからこう言った。「私は世界中のほとんどの人の問題を解決できるでしょうよ」

その上で、目標を達成するにはハングリーでなければならないとも述べた。そうでなければ、それに集中して努力するのに必要な規律を維持できないのだ、と。

「なら、ハングリーさが足りない場合はどうなるんです？」私は訊ねた。

「目標にはたどり着けないでしょうね」

「では、ハングリーになるには、あるいはモチベーションを保つにはどうすればいいと？」

彼は答えられなかった。

要するに、それが問題なのだ。自助努力も目標設定プログラムも、ある特定のポイントで必ず挫折する。当人に何かを達成する準備がないという厄介《やっかい》な事実に突き当たると、そのことを明らかにするエネルギーを維持できないのだ。そして、やめてしまう。元旦に決めた一年の計を翌日にはもう忘れてしまった経験に思い当たらない人などいないはずだ。決していい加減な意志ではなかったとしても、心の奥底ではっきりと知覚する願望にまでは至っていなかったのだ。

では、まだハングリーではないその〝深い状態〟をどうやって御《ぎょ》していけばいいのか。

そこで役に立つのが、本書が解き明かすハワイアン・メソッドなのである。これがあなたがたの〝壁〟の実体である「自意識のない状態」を一掃してくれる。健康、金銭的問題、幸福、何であれ、あなたがたの願望が果たされるのを阻止する隠されたプログラムを取り除いてくれる。すべてはあなたがたの心の中で起きるのだ。

私はこれから、そのすべてを、本書を手にしているあなたがたにお教えしたいと思う。まずは、次に挙げるトール・ノーレトランダースの著書〝The User Illusion〟（ユーザーの幻想）からの引用を頭にとどめておいていただきたい。


「宇宙はそれ自身が鏡に映らない無から始まった」


そこには、いましもあなたがたが乗り込もうとしている〝メンタル・ジェットコースター〟の本質が凝縮されている。

要するに、〝ゼロ・リミッツ〟とは、無の状態《ゼロ・ステイト》に帰ることであり、何ものも存在しない一方で、すべてが可能な世界なのである。ゼロ・ステイトには、思考も、言葉も、行為も、記憶も、予定も、信念も、何もない。何一つ、ない。

だが、ある日、無は自らを鏡の中に見出し、あなたがたが生まれた。その瞬間から、あなたは創造し始め、無意識のうちに信念、予定、記憶、思考、言葉、行為、その他諸々《もろもろ》を理解して受け容《い》れてきた。それらプログラムの多くは、存在し始めた当初の時に立ち返るのだ。

本書の目的はすべからく、あなたが一瞬ごとに奇蹟を体験する、できる力を分け与えることにある。そこから、私が述べた奇蹟の数々があなたがたにもきっと巡ってくる。ユニークで、すばらしく、魅力的で、信じられない体験の数々が。

この、想像を絶するパワーを呼び込むスピリチュアルなロケットシップに乗った私の体験は、とても言葉で説明しきれるものではない。私は途方もない夢以上の成功をつかんだ。新しいスキルを手に入れ、私自身とこの世を愛するレベルは、言葉では尽くせない理解のレベルに到達している。私はほぼ常時、身震いするような境地に生きている。

あるいはこんなふうに考えてもらってもいい。人は誰しもこの世を見透かすための〝レンズ〟を持っている。宗教家、哲学者、セラピスト、著者、演説家、導師、燭台《しょくだい》職人はすべて、ある特定の思考様式に基づいて現世を理解している。本書であなたが学ぼうとしているのは、他のレンズをそっくり捨てて、ある新しいレンズを使いこなす方法なのだ。ひとたびそれを身につけることができた時、あなたは私が呼ぶところのゼロ・リミッツにいる自分を発見しているはずである。

本書は、この〈セルフ・アイ＝デンティティー・ホ・オポノポノ〉と呼ばれる、最新の癒しのハワイアン・メソッドを史上初めてご紹介するものであると同時に、あくまでも私という一人の人間の同メソッドの体験記であることをご承知願いたい。本書は、この驚くべきメソッドを私に伝授してくれたセラピストの承認を得て書かれたものだが、以下の内容はすべて私自身の世界を見るレンズを通して書かれている。〈セルフ・アイ＝デンティティー・ホ・オポノポノ〉を完全に理解したい場合は、あなた自身が毎週末ごとのトレーニングと体験を積む必要がある（トレーニング・リストについては、www.hooponopono.org および www.zerolimits.info を参照されたい）。

最後に、本書の包括的エッセンスは一つのフレーズに集約することができる――あなたがよくご存知の、この宇宙の究極の秘密を解き明かすフレーズ、そして、私がいまここであなたと神に対して言いたいフレーズ――。

I love you.

さあ、チケットを受け取ってお席にどうぞ。あなたの魂への列車がいま、発進する。

しっかりつかまって。

I love you.
Aloha no wau ia oe.
ジョー・ヴィターリ博士
(Ao Akua)
オースティン／テキサス
www.mrfire.com

日本語版発刊に当たって

本書『ハワイの秘法』は、ハワイの人間国宝に認定されたカフーナ・ラパーウ、モーナ・ナラマクー・シメオーナが確立したハワイ伝統の問題解決プロセスの現代版、セルフ・アイ＝デンティティー・ホ・オポノポノ（ＳＩＴＨ）を、過去二十五年間にわたって適用してきた中で、明白に浮かび上がった私なりの洞察をまとめたものです。

日々、個人の問題を改善するに当たってＳＩＴＨを適用し続けるうちに、私はますます、実存とは心のあり方に他ならないのだと気づき、認識するに至りました。すなわち、私が体験する世界は、霊感が無限の心から届き、あるいは、記憶が潜在意識下で再生されるがごとく、私の心の中にのみ存在しているのだ、と。

信じられないことに、心の外側に存在する体験など皆無なのです。心にとって、もはや外側というものはあり得ない。すべての体験は、霊感もしくは記憶の再生によって、心に規定されるのです。

すばらしきは、心には選択の余地があるということ。悩みや問題を再生する記憶に縛られたままでいるか、それとも「神に委《ゆだ》ねるか」。

セルフ・アイ＝デンティティー・ホ・オポノポノは、悩みを再生する記憶を消去してゼロに至らせんとし、無限の心に対して、悔悛《かいしゅん》と許しと変質を請い求めることなのです。

記憶をさっぱり解消してやることによって、心はその原初の状態、ゼロの「空《くう》」に修復されます。霊感は、完璧な観念と完璧な結びつきでもって、無限の心からゼロに流れ込むのです。

いかなる瞬間も、人は選択を迫られている。問題を再生する記憶を解き放つか否か。セルフ・アイ＝デンティティー・ホ・オポノポノは、記憶を消去し、心をその原初の状態、無限のゼロに修復しなおす方法を授けてくれます。

『ハワイの秘法』をお読みいただいてありがとう。心より感謝しています。

あなた、あなたの家族、親類、祖先に、理解を超越した平穏を。

Peace of I,
イハレアカラ・ヒューレン博士
名誉チェアマン
わたし《アイ》財団法人　自由なる宇宙
http://blog.hooponopono-asia.org/（日本）
http://www.self-i-dentity-through-hooponopono.org/（USA）

ハワイの秘法　目次

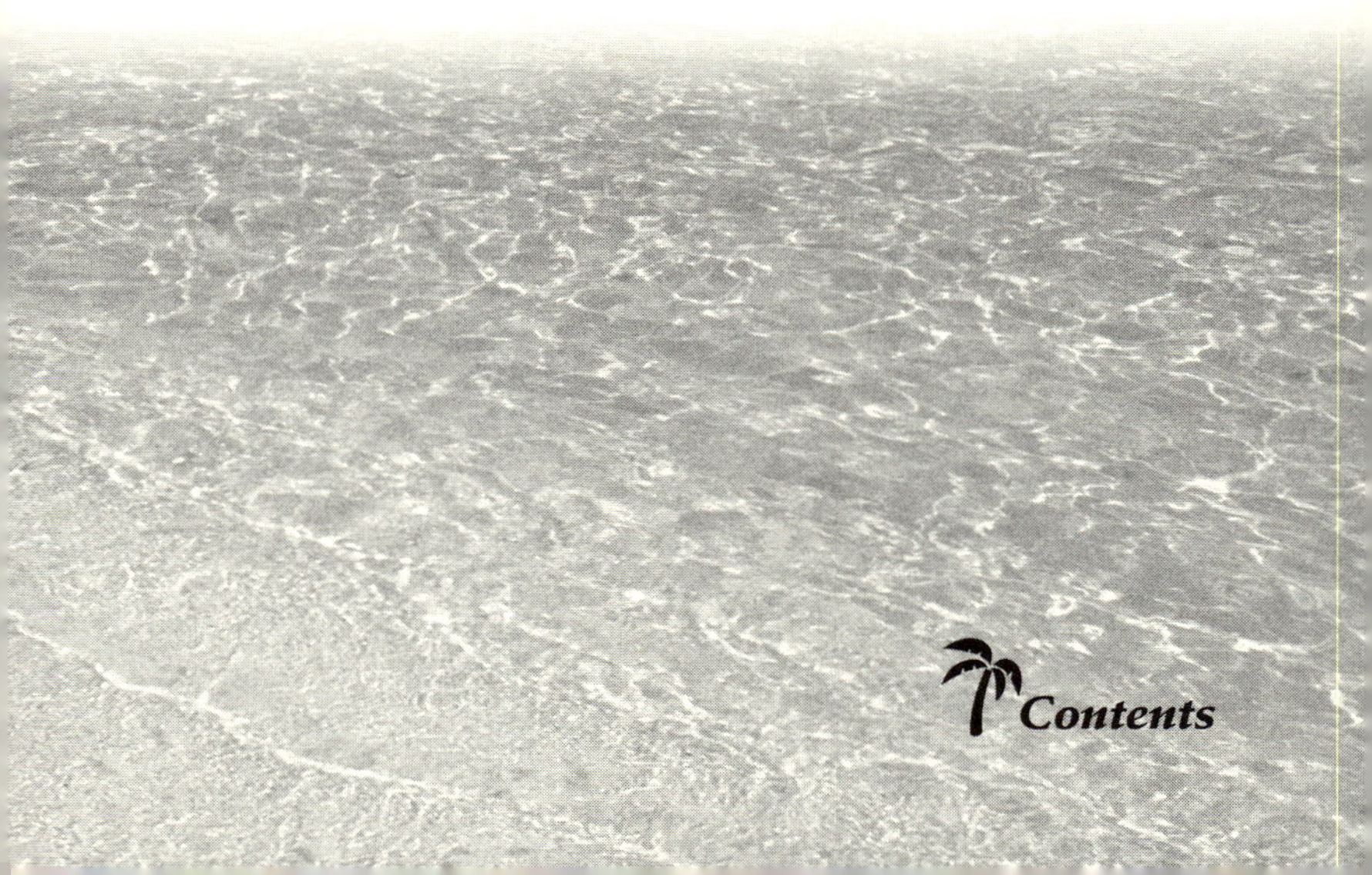

Contents

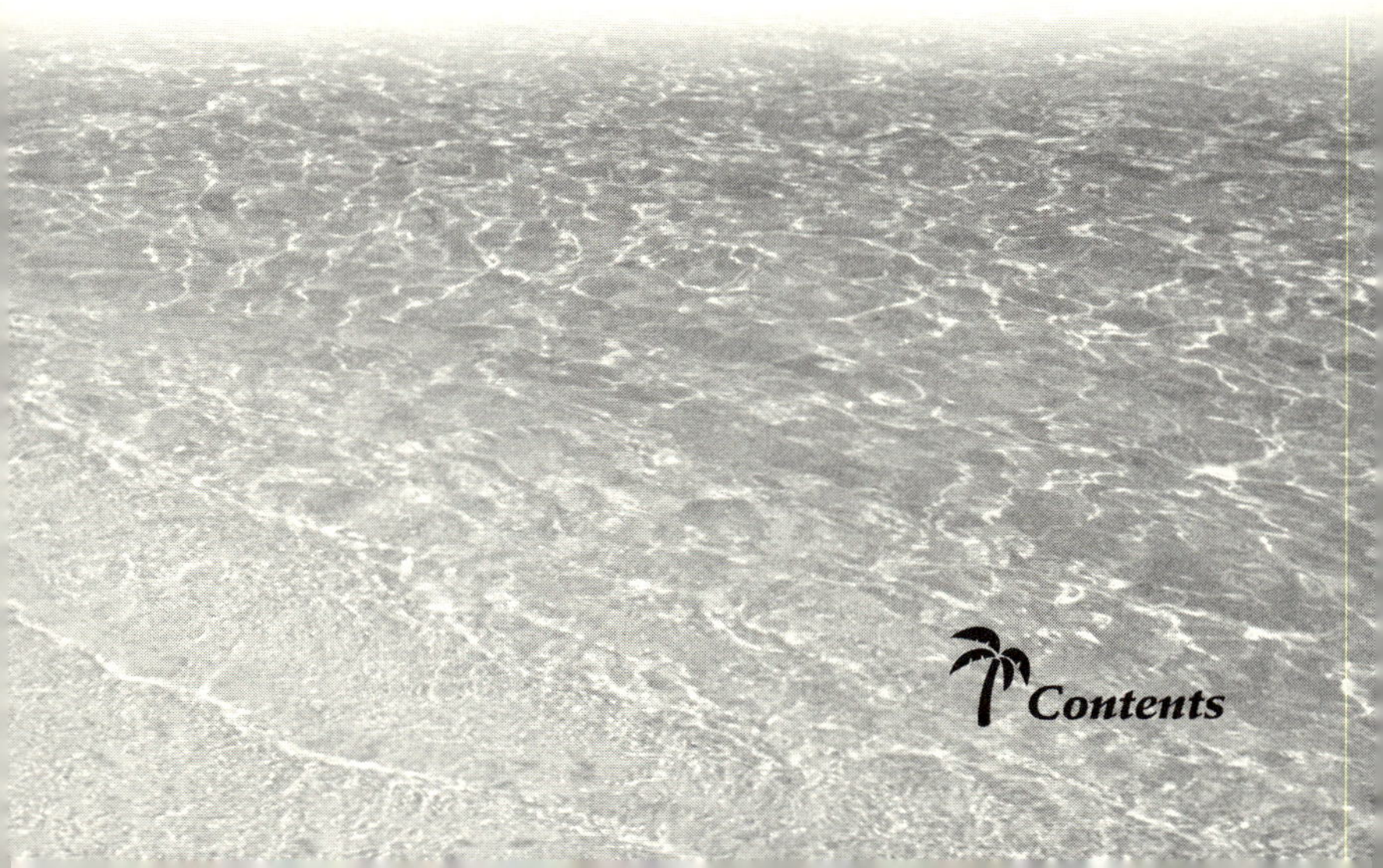

Contents

「宇宙はそれ自身が鏡に映らない無から始まった」

——トール・ノーレトランダース“The User Illusion”

冒険の始まり
The Adventure Begins

汝に平穏を　我が大いなる平穏を

O ka Maluhia no me oe, Ku'u Maluhia a pau loa.

二〇〇四年八月、私は全米催眠術組合の年次総会でスピーチを行い、展示ブースで忙しくしていた。人々、イベント、エナジー、ネットワーキング……すべてが楽しいひとときだったが、まさか、その同じ日に人生を変える事件が起きるとは予想だにしていなかった。

私は、友人のマーク・ライアンと一緒にブースを切り回していた。私と同じ催眠療法士のマークは、すこぶるつきに偏見のない男で、好奇心が強く、歯切れのいいものの考え方をする。人生とその限りない謎を探求する段になると、もう止まらない。我々の会話は得てして数時間に及ぶのが常だった。セラピー界の英雄たちの話になると、ミルトン・エリクソンから、一般にはあまり知られていない占術師《シャーマン》たちにまで広がったものだ。そんな会話の中で、マークがこんなことを訊ねてきてびっくりしたことがある。

「患者に会いもしないで治したっていうセラピストの話、聞いたことがあるか?」

そう訊かれて私は固まってしまった。心霊療法士や遠隔精神療法士のことなら聞き及んでいたが、マークはまったく別の何かを言わんとしているように思えたからだ。

「心理学者らしくて、精神病院に入れられていた刑法上の心神喪失患者をそっくり治しちまったんだそうだ。それも、一人の患者にも会わずに」

「いったいどうやって？」

「ハワイのヒーリングシステムで〈ホ・オポノポノ〉というのを使ったらしい」

「ホ……何だって？」

私は何度もその言葉をマークに訊きなおさねばならなかった。聞いたこともなかった。マークも詳しいことは知らず、それ以上のことは確かめるすべもなかった。好奇心がむくむくと湧いてきた一方で、眉唾《まゆつば》ものだという気もした。きっとまた、都市伝説かその類《たぐい》だと思った。患者に会いもしないで治すだって？　まさか。

マークの話を要約すると次のようになる。

「ざっと十六年間に及ぶ自分探しの旅の一環として、ぼくはカリフォルニアのシャスタ山に行ったことがあってね。その頃、ある友人が薄っぺらい小冊子をくれた。白い紙にブルーのインクで書かれていたその内容というのが、ハワイのセラピストと彼のメソッドについての話だったんだ。以来、ぼくは何度も読み返してきた。そのセラピストが実際に何をどうやったのかは口では説明できないんだが、とにかく彼はそのメソッドで人々を治したというんだ」

「その小冊子はいまどこにある？」私は無性にそれを読みたくなった。

「それがどこかにやっちゃったらしくて……」とマーク。「でも、何かがぼくを後押しするんだ。君にこのことを言えって。君が信じていないのはわかるよ。でも、ぼくだって君に負けず劣らず気になってしょうがないんだ。もっと知りたいんだよ」

一年の時が流れて再び総会が巡ってきた。その間、私はたびたびインターネットの情報源に当たってみたが、患者に会いもしないで治すセラピストの話など、ただの一度も出くわすことがなかった。離れたところから患者に癒しを与える遠隔精神療法の情報ならあった。しかし、例のハワイのセラピストがやったことはそんな手合いではないはずだった。私が感じた限りでは、彼の癒し方のタイプは距離云々《うんぬん》の話とは無縁だった。そもそも、インターネットで調べようにも、私は〈ホ・オポノポノ〉の綴《つづ》りすら知らなかった。お手上げだった。

そして、やってきた二〇〇五年の総会で、マークは再びそのセラピストの話を持ち出してきた。

「彼について何かわかったかい？」マークが訊いた。

「名前もわからない。ホ何とかのスペルもわからないんじゃ」私は言った。「何一つ見つかりゃしないさ」

マークは手をこまぬいてはいなかった。私たちは休憩時間に私のラップトップを引っ張り出し、インターネットにつないでサーチを始めた。しばらくして、〈ホ・オポノポノ〉の唯一の公式サイト、www.hooponopono.org にたどり着いた。ざっと走り読みして二、三の記事を見つけた。そこに、探していたものの簡潔なあらましが述べられていた。曰《いわ》く、「〈ホ・オポノポノ〉とは、あなたの内なる有毒なエナジーを解き放ち、神聖なる思考、言葉、行為、行動の影響を取り込むプロセスである」。

意味がよくわからなかった。そこでさらに読み進んだ。すると、こんな一文に行き当たった。「わかりやすく言えば、〈ホ・オポノポノ〉とは『正す』とか『誤りを修正する』という意味であり、古代ハワイ人曰く、誤りとは過去の痛ましい記憶に汚染された思考がもたらすものである。〈ホ・オポノポノ〉はそれらの痛ましい思考、もしくは不均衡や病害を引き起こす誤りのエナジーを解き放つ方法を提供するものだ」

なかなか面白い。しかし、まだよく意味がわからなかった。

サイトの奥深く、患者と会わずに治すという謎めいた心理学者の情報を探すうちに、〈セルフ・アイ＝デンティティー〉と呼ばれる〈ホ・オポノポノ〉の最新形（ＳＩＴＨ）があることがわかってきた。

これらのことが何を意味するのか、知ったかぶりをするつもりは毛頭なかった。マークも同じだった。私たちはともに探検家だった。私たちのラップトップはこの新たな地平の荒野を目指す私たちの〝馬〟だった。ひたすら、私たちは答えを求め、意気込んでキーボードを叩き続けた。

そして、少しは助けになってくれそうな記事が見つかった。

〈ホ・オポノポノ〉に基づく〈セルフ・アイ＝デンティティー〉
——患者の問題に一〇〇パーセント責任を持つこと

文　イハレアカラ・ヒューレン博士／チャールズ・ブラウンLMT

問題解決と治癒に対する伝統的なアプローチにおいて、セラピストはまず、問題の源が、自分ではなく患者の内なるものだと信じることから始める。セラピスト自身の問題に対処する中で患者を補佐することを責務と心得ている。そのような信念は治癒業務全般を通して組織系統の燃え尽き《バーンアウト》をもたらしてしまいかねない。

問題解決を効率よく行うに当たって、セラピストはその問題が生じた状況を一〇〇パーセント把握することに努めねばならない。すなわち、問題の源を依頼人の内なる誤った思考ではなく、セラピスト自身のそれとして受け止めねばならない。セラピストたちはつとに、問題が生じるたびに彼らが常にそこにいる事実に気づいてはいないようなのだ！

問題を現実化することに一〇〇パーセントの責任を負うことによって、セラピストはその解決に一〇〇パーセントの責任を果たすことができる。最新の〈ホ・オポノポノ〉アプローチ、すなわち、カフーナ・ラパーウ、モーナ・ナラマクー・シメオーナが開発した悔悛《かいしゅん》と許しと変容のプロセスを使えば、セラピストは彼の内なる誤った思考と患者のそれを、完全なるＬＯＶＥの思考に変えることが可能になる。

彼女の瞳にはあふれんばかりの涙、その口元には深いしわが刻まれている。「息子のことが心配なんです」シンシアはそっとため息をつく。「あの子はまたドラッグに手を出してしまって」。彼女の痛々しい告白を聞きながら、私は彼女の問題として現実化された私の内なる誤った思考を掃き清め始める。

誤った思考がセラピストとその家族、祖先の中で愛すべき思考に置き換えられるとき、それは患者とその家族、祖先の中においても同様に置き換えられるのだ。最新の〈ホ・オポノポノ〉プロセスは、セラピストが直接、誤った思考をＬＯＶＥに変えることができる原初の源《オリジナル・ソース》とともに働きかけることを可能にする。

彼女の瞳が乾き、口元のしわが緩む。微笑みと救われた兆《きざ》しが彼女の表情を過《よぎ》る。

「どうしたのかしら、気分がすぐれてきました」

私とてその理由は知らない。謎に満ちた人生にあって、唯一全知全能のＬＯＶＥに、私はすべてを任せるのみ。
祝福の涸《か》れることのない泉なるＬＯＶＥに感謝するのみ。

最新の〈ホ・オポノポノ〉プロセスを使って問題を解決する際、セラピストはまず自分自身のアイ＝デンティティー、つまり〝マインド〟を取り出し、別名ＬＯＶＥもしくはＧＯＤとも呼ばれるオリジナル・ソースに接続する。接続が行われた後、セラピストは、最初に自分自身の、続いて患者の問題として現実化する自分の内なる誤った思考を是正するよう、ＬＯＶＥにアピールする。このアピールは、セラピスト側の悔悛と許しのプロセスである――「私と私の依頼人の問題を生じさせた私の内なる誤った思考を後悔しています。どうかお許しください」

セラピストの悔悛と許しのアピールに対するお告げとして、ＬＯＶＥは誤った思考を変質させる神秘的プロセスを開始する。この、霊的是正プロセスにおいて、ＬＯＶＥはまず、問題を生じさせた誤った感情、すなわち怨嗟《えんさ》、恐怖、怒り、非難、混乱などを中和させる。次なるステップで、ＬＯＶＥは中和されたエナジーを思考から解き放ち、何もない空の状態、真の自由状態に放置する。

思考が空っぽで自由になると、ＬＯＶＥは自らをそれらに充填《じゅうてん》する。その結果、セラピストはＬＯＶＥの中で更生され、修復される。セラピストが修復されると、依頼人も、問題に絡むすべても修復される。依頼人の中にそれまであった絶望に、ＬＯＶＥが取って代わる。患者の魂の闇がいまやＬＯＶＥの癒しの光となる。

誰で、問題を解決するにはどうすればいいかを、ＬＯＶＥに更生され修復されるプロセスにおいて、瞬時に教えてくれる。トレーニングは二時間の無料レクチャーから始まる。受講生は彼らの内なる思考がいかにして、彼らの人生およびその家族、祖先、友人、隣人、仲間の人生の中で、霊的、精神的、情感的、物理的、関連的、そして経済的な問題として現実化するのかについての全体像をつかむように指示される。毎週末のトレーニングでは、受講生は問題の正体が何なのか、問題がどこにあるのか、さまざまな問題をいかに解決するかを、二五通り以上の問題解決プロセスを使って教わり、それらの入念な扱い方を教わる。同トレーニングの骨子は、彼らが自らに一〇〇パーセントの責任を負い、彼らの人生に起こったことや努力なしに問題を解決することについて、一〇〇パーセントの責任を負うことにある。

最新の〈ホ・オポノポノ〉プロセスがもたらす不思議とは、あなたが一瞬ごとに新しい自己を見つけることであり、その都度ＬＯＶＥのまっさらな奇蹟が適用されるプロセスを重ねて察知することである。

私は次に挙げる洞察に基づいて、我が人生と人やものとの結びつきを管理します。

1　物理的な宇宙は私の思考が現実化したものである。
2　もしも私の思考がガンに侵されていれば、物理的現実もガンに侵される。
3　私の思考が完全無欠なら、物理的現実はＬＯＶＥであふれんばかりになる。
4　私は、私の物理的宇宙をあるがままに創造するに当たって一〇〇パーセントの責任を負う。
5　私は、病んだ現実を創り出すガンに侵された思考を是正することに、一〇〇パーセントの責任を負う。
6　目に見えるものは無である。すべては私の心の中の思考として存在する。

記事を読んだマークと私は、この筆者たちこそ探していたセラピストなのだろうかと考えた。チャールズ・ブラウン。あるいは、ヒューレン博士。聞いたことがない。なんとも言えなかった。それに、記事で言及されている「モーナ」とは何者なのか。「セルフ・アイ＝デンティティー・ホ何とか」とは何なのだ?

さらに読み進んだ。

すると私たちの探求に光を投げかける記事が二、三見つかった。その中にはこう書かれていた。**「〈ホ・オポノポノ〉を通したセルフ・アイ＝デンティティーは、一つひとつの問題を試練と**

は見なさず、機会ととらえる。問題とはすなわち、過去の記憶の再生にすぎず、それらをLOVEの視点に立って見直し、霊感によって行動する新たな機会を与えてくれるために姿を現しただけにすぎない」

興味は惹かれたものの、どうもよくわからない。問題が「過去の記憶の再生」だって？　本当に？　この筆者たちはいったい何を説明しようとしているんだ？　患者を治すセラピストに、この、ホ何とかが何をしたって？　このセラピストは何者なのか？

また一つ、記事が見つかった。筆者はダレル・シフォードというリポーター。記事の内容は、ホ・オポ何とかのプロセスの創案者との出会いについてだった。その名前こそ「モーナ」であり、彼女は〝カフーナ〟、つまり、秘密の番人だという。このモーナという女性が患者を治すためにしたこととは**「我らは選ばれし神聖なる創造主に訴えること」**であり、また**「それは個人の内にある神聖なるものを通して」**行われ、**「個人はその実、神聖なる創造主の分身なのだ」**という。

この意味を理解される方はいるかもしれない。だが、当時の私には理解できなかった。マークとてそうだった。察するに、このモーナは祈りのような言葉を口にして、それが人々を治す力を発揮したらしい。その〝祈り〟というやつを是非突きとめてやろうと心に決めた。ただし、目下《もっか》のところは別の使命が横たわっていた。件《くだん》のセラピストを探し出して、そのヒーリング・メソッドを学ぶことだ。もっと知りたい、是が非でもこのシャーマン・セラピストに会いたいという思いが私の胸の中で騒いでいた。そろそろ総会の私たちのブースに戻らねばならなかった。それでもマークと私はそれを棚上げして探索を続けた。

一連の記事とウェブサイトに基づくと、件のセラピストの名前は Ihaleakala・ヒューレンだと推測された。珍しいファーストネームだ。どう発音していいのかわからない。彼を突き止めるすべもわからなかった。サイトには彼とコンタクトするための情報が何一つ記されていない。マークと私はグーグルを試してみた。それでも何もわからない。この霊妙なセラピストの話は作り話なのか。それとも、すでに引退したか死んでしまっているのか。

私はラップトップを閉じ、総会に引き返した。

しかし、そのときにはすでに冒険の幕は切って落とされていたのである。

世界で最も並外れたセラピストを探して

Finding the World's Most Unusual Therapist

外を見る者は夢を見ている。内を見る者は覚醒している。

——カール・ユング

我が家のあるテキサス州オースティン郊外に戻っても、患者に会いもしないで治したというセラピストのことが頭について離れないでいた。そのメソッドとは何か。彼は何者なのか。話そのものが悪ふざけか何かなのか。

なぜかと言って、著書“Adventures Within”（内なる冒険）と“The Attractor Factor”で記録に留めたように、約二十年間に及ぶ私の個人的成長過程にあって「もっと知りたくてしょうがない」性癖はお馴染《なじ》みのものだったからだ。私は常に好奇心旺盛だった。いろいろと問題の多かった〝導師〟なる人物と七年間生活をともにしたこともあれば、自立を勧める指導者や賢者、著者、演説家、神秘家、魔術師たちの話に耳を傾けてきた。近年の私の著書の成功ゆえに、私は〝ヒューマン・ディヴェロップメント〟の世界の多くのリーダー、エキスパートたちを、我が友と呼べるまでになった。にもかかわらず、あのセラピストの話は忘れられなかった。何かが違っていた。画期的なことのように思えた。

そう、私はもっと知る必要があった。

かくして私はリサーチを続けた。過去には、行方不明の人々の居所を突き止めるために私立探偵を雇ったこともある。広告業界の俊才、ブルース・バートンをテーマにした"The Seven Lost Secrets of Success"（成功に至る失われた七つの秘訣）を書いたときも、そうした。いざとなれば、ヒューレン博士を探すに当たっても、プロを雇うつもりだった。

改めてヒューレン博士の探索を実行中のとある日、私はあるウェブサイトにその名前を見つけた。初期のサーチでどうして浮かんでこなかったのかはわからない。とにかく、見つかったのだ。

電話番号は載っていなかったが、Eメールでならヒューレン博士に個人的に問い合わせることが可能だった。セラピーには少々変わった方法だと思ったが、このインターネット全盛の時代では何でもありなのだろう。彼の扉の中に足を踏み入れるにはそれが最良の方法だと割り切った私は、ウェブサイトを通じて彼にEメールを送った。言葉に言い尽くせないほど興奮していた。返事が届くのが待ちきれなかった。彼は何と言うのだろうか。何か啓示的なことを書いてよこすのだろうか。彼はEメールで私を癒すことができるのだろうか。

その夜は一睡もできなかった。それほど、私は彼からの返事に飢えていた。翌朝、彼の返事が届いていた。

ジョー

ご相談のお問い合わせ、ありがとうございます。ご相談は通常、インターネットかFAXにて行われます。ご相談を希望される方には、その種類についての情報、すなわち、問題や気掛かりなことの内容を提供していただき、それに基づいて私が分析を行い、神聖なる指示との仲介を執り行います。そしてまた、Eメールを介してご当人に連絡を取って、仲介作業で受け取った内容をお伝えします。

本日、昼食で外出中に、ハワイで弁護士をされている方から相談内容のFAXが届いていました。処置を施した後、瞑想によって神格から受け取ったものを彼に送り届ける予定です。

私の仕事の概要に関する情報については、www.hooponopono.org をご覧ください。

どうか心を楽にしてご連絡の上、ご相談ください。

すべての理解を超えた平穏があなたに訪れますように。

Peace of I,
Ihaleakala Hew Len, Ph.D.

奇妙なEメールだった。神（格）に話しかける？　弁護士からも依頼がある？　まだよくわからない。彼とそのメソッドをどう判断すべきなのか。それでも、とにかくもっと知りたかった。その場で決断して相談のEメールを送った。相談料は一五〇ドル。私にしてみれば、ただのようなものだった。とうとう、ずっと探し求めてきた〝奇蹟を行う〟（！）心理学者と話ができるのだ。私は興奮していた。

何を依頼すべきかについてはそれなりに考えた。私は人生をうまく操ってきた。本も出した。成功も、車も、家も、人生のパートナーも、健康も、そして多くの人々が求める幸福も手に入れた。体重も三〇キロ落として気分は爽快、ただし、もう五、六キロは落とさねばと思っていた。そう、ダイエットにはまだ悩んでいた。そこで、ヒューレン博士にその問題を相談することにした。すると、二十四時間もしないうちにEメールの返事が来た。

ジョー、返事をくれてありがとう。

訊いてみたところ、「彼は大丈夫」だそうです。

あなたの肉体にこう話しかけてください。「あるがままの君を愛している。ずっと私と一緒にいてくれてありがとう。もしも私に酷使されてきたと感じているのなら、どうか許してください」と。あなたの肉体を訪れる一日のどこかでふと立ち止まってみる。愛と感謝の気持ちを込めるのです。「ありがとう、私を運んでくれて。呼吸を、心臓の鼓動をありがとう」

肉体をあなたの召使いとしてではなく、人生のパートナーとして考えなさい。小さな子供に語りかけるように、あなたの体に語りかけなさい。仲良くなるのです。肉体はより良く機能するためにたくさんの水を必要とします。おなかが空いているように感じるかもしれませんが、実は喉が渇いていると訴えているのかもしれません。

ブルーソーラー水を飲むことによって記憶が変質し、意識下（the Child）で問題が再生され、肉体が〝解放されて神の手に委《ゆだ》ねられる〟のを助けます。青いガラス瓶を用意してください。それを水道水で満たし、コルクで栓をするか、口をセロファンで覆います。その瓶を最低でも一時間、日向《ひなた》、もしくは白熱灯の下に置いてください。その水を飲み、お風呂やシャワーの後でその水で肉体をすすいでください。料理や洗濯、その他、水を使うときは、必ずこのブルーソーラー水を使ってください。コーヒーやホットチョコレートを淹《い》れるときにも使えます。

あなたのEメールには優雅な簡明さ、比類なき天賦《てんぷ》の才を感じます。

たぶん、またご一緒できるでしょう。我らが旅人が家に帰る道を切り開いてくれます。

すべての理解を超えた平穏があなたに訪れますように。

Peace of I,
Ihaleakala

彼のメッセージの穏やかさは心地よかったが、何か物足りなさを感じた。これが彼に相談するということなのか？　こんなことで、精神病院にいる例の人々を彼は治したのか？　もしそうなら、何かが絶対に欠けている。こんなEメールだけで体重を落とせるなら世話はない。誰も納得しないはずだ。「彼は大丈夫」だと言われても何の解決にもならない。

さらなる情報を求めて返事を書いた。すると、こんなEメールが返ってきた。

ジョー

平穏は私から始まります。


私の問題は私の意識下で再生される記憶です。

私の問題は誰とも、どことも、どんな状況とも関係がありません。

ちょうど、シェイクスピアがソネットの一つに書き記した詩文のように。

「あらかじめ悼《いた》まれた嘆き」


記憶が問題を再生し始める感覚がやってくると、私は次のようにします。

ひたすら身を任せ、変質を通してそれらを解放するよう、神に願うのです。

かくて、私の心はその原初の状態、ゼロ、無に帰る……記憶がない状態になる。

記憶がない状態になると、神が自身そっくりに私を創造するがゆえに、私は我が神そのものになります。

私の潜在意識がゼロの状態にあるとき、そこに時間はなく境界もなく、無限にして、死もありません。記憶が幅を利かせているとき、それは時と場所に縛られ、問題、不確実性、混沌、思考、対処、管理にも縛られます。記憶が支配するに任せてしまうと、私は心の透明性を放棄し、神との連帯をも放棄します。連帯がなければ霊感もない。
霊感なくば目的もなし。

人々とお勤めをするに当たって、私は常に神格に請い願います。私の知覚、思考、反応として再生される潜在意識下の記憶を変質させるためです。
ゼロの状態より、神格は私の潜在意識と知覚意識を霊感であふれさせ、神格が体験するかのごとく、私の魂が人々を体験するに任せるのです。

神格とお勤めをするに当たって、私の意識下で変質した記憶は人々のみならず鉱物、動物、植物や、可視不可視を問わず存在するすべてのものの精神の意識下にて変質します。平穏と自由が私とともに始まるのを知覚するとは、なんとすばらしいことでしょうか。

Peace of I,
Ihaleakala

いやはや、これではよくわからない。そうだ、彼と何かできないか訊いてみよう。彼がすることについて本を書いてみるというのはどうだ。そのメソッドの秘密を彼の口から明らかにさせた上で、精神病院での仕事ぶりを描く――理に適《かな》った方法じゃないか。そうしたら、他の人々も救われるはずだ。私はその旨を書き、作業はほぼ私に任せてくれと、Eメールを書き送り、そして待った。返事が来た。

ジョー

「平穏は私とともに始まる」

人類はこれまで、助力を、力添えを必要としながら、他者を認識する記憶を夢中になって蓄積してきました。〈ホ・オポノポノ〉経由のセルフ・アイ＝デンティティー（S－I－T－H）は、そういう記憶を我々の潜在意識から解き放つことなのです。問題が〝内〟ではなく「ほら、そこにある」と口にする概念を繰り返す意識下の記憶を捨てることなのです。

我々は皆、出来合いの「あらかじめ悼まれた嘆き」を携《たずさ》えてこの世に生まれてきました。

問題の記憶は人々とも場所とも状況とも一切関係がありません。

それらは自由になるための機会なのです。

SITHの包括的目標とは、当人のセルフ・アイ＝デンティティーを修復することであり、神性の智恵によって自然なリズムを取り戻すことにあります。この、原初のリズムの再興過程において、ゼロは開かれ、魂に霊感があふれかえるのです。

歴史的にみて、SITHを実践する人々は、他者に手を貸そうとする意志でもって情報を分け与えたいと思うようになります。「私が彼らを助けられる」というモードから脱却するのは相当にむずかしい。畢竟《ひっきょう》、SITHを人々に〝説明〟することは問題の記憶の解放にはつながりません。SITHを実行すればそれができます。

「あらかじめ悼まれた嘆き」を一掃したいと思うことで、我々は救われ、万物万人も救われます。したがって、SITHを他者に広め分け与えるのはお奨めできません。そうではなく、他者の物事にとらわれることなく、まず自らを解放した上で他者を解放することを奨励しています。

「平穏は私とともに始まる」

POI,
Ihaleakala

さて、どうもよくわからない。

改めてメールを送った。電話で話ができないかどうか、インタヴューさせてもらえないかと訊ねた。了解の返信が届いた。日取りを次の金曜日に決めた。あと数日しかない。わくわく感が高じてマーク・ライアンにメールを送り、経緯を伝えた。とうとう、君が教えてくれた例の謎のハワイアン・シャーマンと電話で話をすることになったぞ！　マークも興奮していた。

興味は尽きなかった。私たちは何を学ぼうとしているのか。

これから何を体験することになろうと、それはほぼ未知の世界に等しかった。

未知との会話

Our First Conversation

人はこの世に限りあるゆえに己が視界の限りあるを知る
——アルトゥール・ショーペンハウアー

私がついにヒューレン博士と初めて言葉を交わしたのは、二〇〇五年十月二十一日のことである。

彼のフルネームはイハレアカラ・ヒューレン。しかし、彼は私に「E」と呼ぶように言った。そう、アルファベットの「E」だ。オーケイ。そうしよう。「E」と私の初の会話は、およそ一時間に及ぶ長電話だった。私は、セラピストとしての彼の仕事の全容を教えてもらいたいと頼んだ。

彼はハワイ州立病院で三年間勤務した。心神喪失の犯罪者が収容されている病棟は危険極まりなく、心理学者たちは数カ月で職を辞し、職員たちも常習的に病欠したり、辞めていく者もいた。病棟に入る際は患者たちの攻撃を恐れて壁を背ににじり寄る始末だった。快適な環境、職場とはとても言えず、訪れる者も少なかった。

ヒューレン博士、もしくは「E」が私に述べたところによると、彼は決して患者たちを専門的に診《み》ることはなかったという。カウンセリングも一切行わなかった。その代わりにファイルを精読した。ファイルを眺めながら、彼独りで仕事をした。その結果、患者たちは治癒した。

その話の続きを聞いて、私はますます惹かれていった。

「数カ月後、手かせ足かせ状態だった患者たちが、自由に院内を歩き回ることが許されるようになりました」と彼は言う。「大量の投薬を受けていた患者たちはその量を減らされていきました。そして、まず絶対に解放されることはあり得ないと見なされていた患者たちが退院していくようになったのです」

信じられなかった。

「それだけではありません」彼の話は続く。「職員たちも喜んで仕事に精を出すようになったのです。常習的欠勤や辞める者もすっかりなくなりました。その結果、職員の数が必要以上になってしまいました。患者がどんどん退院する一方で、職員がそっくり皆勤するようになったからです。現在、当病棟は閉鎖されています」

ここが今回のインタヴューの勘所《かんどころ》だった。

――あなたご自身は、そういう人々を〝変える〟のに具体的に何をしたのですか？

「ただ、彼らと共有した私の部分をきれいにしただけです」

え？　いったいどういう意味なんだ？

ヒューレン博士の説明によると、人生に対して完全に責任を負うということは、人生のすべてに対して――つまり、それが人生に包含《ほうがん》されているという単純な理屈に基づいて――責任を負うことなのだという。言い換えれば、この世はそっくりその人が創造したものだからだ、と。

やれやれ、こいつはうかつに鵜呑《うの》みにはできないぞ。自分の言動に責任を持つことと、自分の人生に関わるあらゆる人々の言動に責任を持つこととは、まったく別物じゃないか。

要するに、こう言いたいのだろう。人生に対して完全に責任を持つということは、見るもの、聞くもの、味わうもの、触れるもの、もしくは何らかの形で体験するものすべてに責任があるということである。なぜなら、それが人生そのものなのだから。

ということは、テロリストたちも、大統領も、経済も、体験はするが気に入らないこともすべて、正す・治すのは自分次第だということになる。それらは実証的な意味ではなく、自分の心に投影されるものとして存在するからだ。

問題はそれらにあるのではなく、自分にある。

だから、それらを変えるには自分自身を変えねばならない。

理解しようとしても無理だ。黙って受け容れるか、現実を生きるしかない。責任を完全に果たすよりも文句を言うほうがはるかに楽だ。ところが、ヒューレン博士と話しているうちに、彼の言う癒しと〈ホ・オポノポノ〉の精神が自己愛を意味していることに気づき始めた。人生を改善したければ人生を癒さねばならない。誰かを治療したいのであれば、その対象が精神的に病んだ犯罪者であろうと、自分自身を癒すことによって治療を行うのだ。

私はヒューレン博士に訊ねた。どうやって自分自身を癒すに至ったのか。正確には何をして、いつ患者たちのファイルを見たのか。

「言い続けたんですよ、ごめんなさい、あなたを愛してますと。何度も何度も」

それだけ？

それだけだった。

自己愛こそ自分を改善する最も優れた方法なのだ。そして、自身を改善するにつれて、自分の世界も改善されていく。

病院で働いていた頃、ヒューレン博士、もしくは「E」は、何が持ち上がろうと、神格にお伺いを立て、解放されることを願った。彼は常に信じた。それは常に機能した。ヒューレン博士は自分自身に問いかけたという。

「この問題を生じさせた私の中でいったい何が起こっているのだろうか。そして、この、私の中の問題をどうすれば取り除けるのか」

どうやら、この、内側から発するヒーリング・メソッドこそが、〈セルフ・アイ＝デンティティー・ホ・オポノポノ〉と呼ばれるものらしい。ハワイの主唱者たちによって多大な影響を受けた〈ホ・オポノポノ〉の古いバージョンでは、徹底的に論じ尽くすことで人々の問題が癒されるように導くまとめ役がいたという。彼らが問題の根元を断ち切ると、問題は掻き消えた。しかし〈セルフ・アイ＝デンティティー・ホ・オポノポノ〉ではまとめ役など必要としない。心の中ですべてが執り行われるからだ。それを聞いて私は興味を惹かれ、なんとなくわかってきた気がした。

ヒューレン博士はその時点ではまだ、プロセスに関する教材のようなものを持っていなかった。そこで私は本を書くことを勧めたが、彼は気乗りがしないようだった。ずいぶん前に作られたビデオならあると聞かされ、すぐに注文した。トール・ノーレトランダースが著した"The User Illusion"を読むようにとも言われた。活字中毒の私は、その場でオンラインからアマゾンにアクセスして注文した。本が届くとむさぼるように読んだ。

その内容はと言えば、我々は何が起こり得るのかを知る手掛かりすら意識できないのだそうだ。ノーレトランダース曰く、「**事実は、毎秒ごとに数限りない情報の断片が我々の感覚に流れ込んでいる。ところが、我々の意識は、最高でもたぶん、毎秒四〇そこそこしか処理できない。何百万、何千万という断片が、現実には一切の情報を含まない意識体験として圧縮されている**」。

確かに我々は任意の一瞬に何が起ころうとしているかなど知り得ない以上、ヒューレン博士の言う通り、我々にできることは気持ちを切り替えて信じるしかないことになる。それが、人生のあらゆる物事に一〇〇パーセント責任を負うということのすべてなのだ。彼は自分の仕事を「**自分自身をきれいにすること**」だと言う。なるほど。自分をきれいにすると、世界もきれいになる。なぜなら彼こそが世界なのだから。彼の外に見える物事はすべて、投影であり幻想にすぎない。

目に見えるものは自分の人生の影の部分だという感性はユングの理論にも通じそうだが、ヒューレン博士の話はそれさえも超越したもののように思えた。彼はあらゆる物事を自分自身の鏡だと認知し、一方で、内側から体験するもののすべてを神格にお伺いを立てることによって調整することも責任の一部だと言いたいらしい。彼にとっては、外界の何事をも調整する唯一の方法が、神、人生、宇宙、あるいは集合的高位パワーを意味するいかなる表現にも通じる神格に対して、「I love you.」と言うことなのだ。

まいった。神経にこたえる会話だった。ヒューレン博士は見ず知らずの私のために、惜しみなく時間を取ってくれた。そしてその間ずっと、私を混乱させた。おそらく七十歳に届こうというこの老人は、ある種の人々にとっては歩く導師かもしれないが、一つ間違えば頭のおかしな変わり者と見なされかねない。

初めてのヒューレン博士との会話にぞくぞくした私だったが、まだ物足りなかった。正直言って彼の話はよくわからない。反論する気になれば簡単だろうし、笑い飛ばしてやろうかとも思った。しかし、その新しいメソッドを使って、精神を病んだ犯罪者たちのような、いわゆるお手上げの事例を治癒したという話が気になってしかたがなかった。

私はヒューレン博士が予定しているセミナーについて訊ねた。

「それで私は何を得られるんでしょうか」

「何でも得られますよ」

おっと、それじゃ一九七〇年代の懐かしい〈エスト〉〔訳注＝一九七一年にアメリカの企業家ワーナー・エアハルトが始めた自己発見と自己実現のためのセミナートレーニング」と変わらない。「あなたの得たものはあなたが得る運命だったものである」

「セミナーには何人の方々が？」

「私はクリーニングし続けるゆえに、そこにいる心構えのある人々のみがそこにいます。たぶん、三〇人から五〇人。わかりません」

電話を切る前に、私は「E」に彼のEメールに付されているサインの意味を訊ねた。

「〈POI〉とは〈peace of I〉を意味します。すべての理解を超越する平穏のことです」

いままでは心からなるほどと思えるその意味が、当時の私にはさっぱりわからなかった。

意志に関する不都合な真実

The Shocking Truth about Intentions

我々が自覚する内なる生命こそ、人類たる我々にとって真に価値あるものである。にもかかわらず、我々はそれがいかに生まれ、我々が意識する行動の意志をいかに司るのかを、往々にして知りもせず、理解もしない。

——ベンジャミン・リベット "Mind Time"

ヒューレン博士と初めて電話で話をして、私はますます知りたい気持ちが募った。そこで、二週間後に行われる予定のセミナー参加を頼み込んだ。そそのかされたわけではない。常に〝きれいにしている〟のだから〝ふさわしい人々〟のみがやってくると、彼は言った。すし詰めにはしたくないらしい。彼は、開かれた心を持つ者を欲した。彼は神格——我々の誰よりも大きなパワーを持つ存在を指す、ヒューレン博士お気に入りの表現——が正しく取り計らうことを信じた。

ヒューレン博士のことを初めて教えてくれた友人のマーク・ライアンにも誘いを入れた。この奇蹟と、奇蹟の仕事人について教えてくれたお礼のつもりで声をかけた。もちろん、マークは承諾した。

　セミナーに赴《おもむ》く前にちょっとした下調べをした。このセラピストのメソッドが、ハワイ発のよく知られたヒーリング・メソッド〈フーナ〉と何か関係があるのではないかと思ったからだ。調べた結果、まったく関連のないことがわかった。〈フーナ〉とは、企業家から作家に転身したマックス・フリーダム・ロングが、彼なりに咀嚼《そしゃく》したハワイの降霊術に命名したものだ。彼はこの神秘的な慣わしを、ハワイで教師として働いていた頃に現地の友人から教わったのだという。一九四五年に『フーナ研究会』を設立した彼は、後に一連の著作を発表したが、その一つが有名な“The Secret Science Behind Miracles”（奇蹟を生む神秘の科学）だった。その内容は妖《あや》しい魅力に富んでいるが、ロングの仕事は私が調べているセラピストと一切関連がなかった。次第に、ヒューレン博士の実践しているものが、少なくともその方法論においてはロングが一度も聞いたことがない何かだということがわかってきたのだ。

　文献を読み、学ぶうちに、私の好奇心はいや増していった。この療法士本人に会う日がとにかく待ち遠しかった。

　ロス・アンジェルズ（ロサンゼルス）に飛んでマークと落ち合い、カリフォルニアのカラバーサを目指した。その前に、マークの案内でロスを見物して楽しいひと時を過ごした。だが、私たち二人が会いたかったのは、もはや耳にタコができるほど聞き及んでいた人物だった。すっかり興奮状態にあった私たちは、朝食の間も来るべきセミナーへの期待についてあれこれと話が弾んだ。

セミナールームに到着すると、三〇人ほどの列ができていた。私は爪先立ちになって彼らの頭上から覗き見た。問題の療法士の姿を探した。謎の男をひと目見たかった。ヒューレン博士に会いたかった。やっと扉にたどり着いた私に、彼は声をかけてきた。

「アロハ、ジョーゼフ」そう言って彼は手を差し出した。口ぶりは優しいがカリスマ性があった。ドッカーズのスラックス、スニーカー、開襟シャツ、ビジネスジャケットを着ていた。頭にはベースボールキャップを被っていた。後に、それが彼のトレードマークだと教えられた。

「アロハ、マーク」彼が私の友人に声をかけた。

ひとしきり会話があって、彼は私たちのフライトについて訊ねた。テキサスからロスまでどのくらいかかったか、云々。苦もなく私はこの男に魅せられてしまった。内に秘めた自信のようなものと祖父然とした物腰に、共感めいたものを感じた。

ヒューレン博士は時間を無駄にしない。セミナーが始まるや否や、彼は私を指して言った。

「ジョーゼフ、コンピューターから何かを削除した場合、それはどこへ行ってしまうのでしょうか」

「わかりません」私が答えると全員が笑った。連中だってわからないはずなのにと思った。

「コンピューターから消したものはどこへ行くのでしょうか?」今度は全員に向かって問いかけた。

「ゴミ箱です」誰かが大声で言った。

「その通り」とヒューレン博士。「つまり、それはまだコンピューター上にある。ただ目に見えないだけです。皆さんの記憶も同様です。皆さんの中にまだあるのに、目には見えないだけ。皆さんの目的は、それらを完全に永久に消してしまうことです」

なるほどと思った。ただし、それが意味するもの、あるいは、話がどう進むのかはさっぱりわからない。記憶を永遠に消し去りたいと思う理由とはいったい何だ？

「人生には二通りの生き方があります」ヒューレン博士が説明する。「記憶によって生きるか、霊感によって生きるか。記憶とは古いプログラムの再生です。霊感とはあなたにメッセージを送っている神格そのものです。あなたは霊感によって生きるべきです。神格の声を聞き、霊感を受け取る唯一の方法は、すべての記憶をきれい《クリーン》にすることです。あなたがすべきことはただ一つ、きれい《クリーン》にすることです」

ヒューレン博士はたっぷりと時間を費やして神格が我々のゼロ状態であること、そこに我々のゼロ・リミッツがあることを説明した。記憶のない状態。アイデンティティーのない状態。あるのは神格のみ。人生には誰にでもゼロ・リミッツ状態が訪れる瞬間があるのだが、ほとんどの場合、ゴミ——我々が呼ぶところの記憶——が支配している。

「精神病院で働いていた頃の私は、患者のカルテを眺めていると体の内側に痛みを感じたものです。つまり、記憶を共有したのです。それは患者たちの行動を生じさせた一つのプログラムでした。彼らにはどうすることもできなかった。彼らはプログラムにとりつかれていたのです。私はそのプログラムを感じて、それをクリーニングしたのです」

クリーニングは頻繁に繰り返されるテーマになっていた。彼が述べたさまざまなクリーニング法のほとんどは、極秘扱いゆえにここでは明らかにできない。すべてを学びたければ〈ホ・オポノポノ〉のワークショップに参加しなければならない（www.hooponopono.org 参照）が、一つだけ、ヒューレン博士が最も頻繁に使ってきたもので、現在私が使っているクリーニング法をご紹介しよう。

神格に語りかける際に何度もノンストップで口にするフレーズは、たったの四つである。

I love you.
I'm sorry.
Please forgive me.
Thank you.

最初の週末セミナーが終わる頃には、「I love you.」のフレーズがまるでくせになっていた。ちょうど、頭の中で歌の調べを聞きながら目覚めることがあるように、「I love you.」を頭の中で聞きながら目を覚ますようになっていた。意識して言ったのかどうかはいざ知らず、その通りだったのだ。うっとりするような気分だった。それが何をどうクリアするのかはわからなかったが、とにかく私はそうしていた。「I love you.」がどんな様子、形、姿であろうと、悪いわけがない。

セミナーのある時点で、ヒューレン博士はまたしても私を指名して問いかけた。「ジョーゼフ、君は記憶なのか霊感なのかをどうやって見分けるんだと思う？」

質問の意味を判じかねた私はその通りに答えた。

「ガンに罹《かか》っている人は自らガン細胞をもたらしたのか、それとも、ガン細胞を救うための挑戦として神格によって与えられたのか、君はどうやって知る？」

私はしばらく黙っていた。質問の意図を計りかねていた。ある事件の原因が自分自身の心の中にあるのか、それとも神格の心の中から生まれたのかということだろうか？

「さあ、わかりません」私は答えた。

「私にもわからない」ヒューレン博士が言った。「だからこそ、君は絶えずきれいに、クリーンに努めなければならない。何が記憶で何が霊感なのかわからないからこそ、すべて何でもきれいにしなければならない。きれいにすることでゼロ・リミッツの場所に行ける。それがゼロの状態になるということなのです」

ヒューレン博士によると、我々のマインドが世界を見る窓などちっぽけなものであって、しかもその視界は不完全なだけでなく杜撰《ずさん》でもあるそうだ。私には買えないコンセプトだったが、ガイ・クラクストン“The Wayward Mind”（わがままな心）を読んでからは気が変わった。

同書でクラクストンは、人が行動決断を意識するよりも早く、脳がその旨を当人に伝達していることを証明した有名な実験について書いている。ベンジャミン・リベットなる脳神経学者が人間の脳波図（ＥＥＧ）を調べた結果、脳の活発な波動は当人が何かをしようとする意志を自覚する前に働くことがわかったという。つまり、意志は無意識から生じ、その後に自覚意識に入り込むのだと。

クラクストンによると、リベットは「意志は行動が始まる約五〇分の一秒前に現れるが、脳内の波動はほぼ確実に意志より約三〇分の一秒前に現れることを発見した！」のだ。

ウィリアム・アーヴァイン著の“On Desire : Why We Want What We Want”（欲望について）には、「このような実験が指し示しているのは、我々の選択が意識や理性によって形成されているのではないということであり、我々の無意識なマインドからふつふつと湧き上がるものだというこ とであろう。それらが意識の前面に浮かび上がってきて初めて、我々はその支配権を握るのである」と書かれている。

そして、問題の実験を行ったベンジャミン・リベット自身も、著書“Mind Time”（心の時間）の中で、「行動する意志の無意識な現れを意識的にコントロールすることはできない。意識的にコントロールできるのはその最終的な発動成就だけである」と述べている。

言い換えれば、**本書を手に取ろうと駆り立てられたのは意識的選択ではあっても、現実には脳が先に、手に取るようにシグナルを送った結果、それに導かれて「この本は面白そうだから読んでみよう」という具体的な意志が意識に湧き起こったというわけだ。**何らかの理由で本書を手に取ってみない選択もできたに違いないが、行動自体を起こすようにそれとなく刺激したオリジナルのシグナルそのものはコントロールできない……。

にわかには信じ難《がた》い話だ。クラクストンによると「意識下に意志が孵化《ふか》することなどあり得ない。そこには何ら計画がない。意志は予感であり、起こるかもしれないことを示すための、意識の片隅にあるひらめきのアイコン（記号）なのだ」そうだ。

どうやら、明瞭な意志は明瞭な予感以上の何ものでもないらしい。

どうにもわからないのは、では思考とはいったいどこからやってくるのか、ということだ。

呆然《ぼうぜん》とするばかりだった。私は意志の力について書いた〝The Attractor Factor〟という本を出していた。映画〝The Secret〟でもそのことを述べた。それなのに、意志には選択する権利などまったくないと納得しかけている自分がいる。ショックだった。なにしろ、私が自分の意志に基づいて行動したと思っていたことが、あらかじめ私の脳内で起こっていた衝動を単に言葉で置き換えたにすぎないというのだから。

すると、私の脳に意志を伝えさせたのはいったい〝誰〟だったのか。後に私はヒューレン博士にその疑問「誰の指図で?」をぶつけた。彼は笑って「いい質問だ」と言った。

で、答えは?

未《いま》だに意志の問題について判じかねていることを素直に告白しなければならない。私は精神的にタフでいることによって三六キロ減量した。意志を貫いたからこそ減量に成功したはずだった。では、どう納得すればいいのか。減量は私の意志だったのか、それとも私の脳のシグナルに応えたゆえの結果にすぎなかったのか。霊感なのか、記憶なのか。私はヒューレン博士にメールで訊ねた。返事が来た。

ゼロ、もしくは〝アオ・アクア〟には何ものも存在せず、意志の需要も含めて何ら問題はありません。

体重を気にするのは単なる記憶の再生であり、それらの記憶はゼロを、あなた自身を疎外します。ゼロに、つまり、あなた自身に戻るには、体重についての懸念をもたらす記憶を神格に消してもらう必要があります。

体験を規定する法則はたったの二つです。神格からの霊感と、潜在意識に眠っている記憶。前者はまっさらで、後者は古びている。

イエスは次のように言ったそうです。「汝《なんじ》、何よりも王国（ゼロ）を探すべし。されば他なるもの（霊感）すべて加えられん」

ゼロはあなたと神格が住むところ……「そこからすべての祝福されし者たち、富、安寧、平穏が流れ出す」

POI,
Ihaleakala Hew Len, Ph.D.

私の見るところ、ヒューレン博士は意志を見過ごして源《ソース》に行き着こうとしていたようだ。つまり、ゼロ・リミッツがあるゼロ状態に。そこにあって、人は記憶もしくは霊感を体験する。体重を気にするのは一つの記憶だ。やるべきことはただ一つ、それを愛し、許し、あえて感謝すること。そうしてきれいにすることで、確実に神格が霊感とともに現れ出《い》でる機会が生まれる。

そこから浮かび上がってくる〝真実〟とは、これまで私の肥満の要因となってきた過食欲が、無意識の中から湧き上がる一つのプログラムだったということだ。消去されない限り、いつまでも居座り、かつ、いつまでも湧き出るばかりのプログラム。それが表面化し続ける間は、常に過食を続けるか否かの選択を強いられる。つまり、一生戦い続けることになる。それではいかにも辛い。だが、嫌だ、ごめんだと言いながら、結局はずるずると先送りにしてしまう。それに打ち克つにはとてつもないエナジーと努力を要するからだ。そのうち、先送りしちゃだめだと言うのがくせになっているだけになる。冗談じゃない！

しかし、その記憶をきれいにすることで、それもいずれは消える。よって、過食欲も二度と表面化しなくなる。後に残るのは平穏のみ。

要するに、意志は霊感に比べれば擦り切れたボロキレなのだ。**意志を持って何かをやり続ける限り、その何かと戦い続けることになる。霊感にすべてを委ねれば人生は一変する――。**

まだピンとこない。この世の仕組みとは本当にそんなものなのか？　意志の力とはそんな程度なのか？　私は探索を続けることにした。

ヒットした映画"The Secret"の創案者でプロデューサーのロンダ・バーンと会食したことがある。そのとき、私はずっと訊いてみたかった疑問をぶつけた。「あの映画のアイディアはあなたが創ったんですか、それとも、もらったんですか？」

彼女が、流行性感冒のごとく伝播《でんぱ》していまや知らぬ者のないこの映画の予告編を、霊感を受けて制作したことは知っていた（www.thesecret.tv. 参照）。アイディア自体が突如、ものの数秒間に浮かんだことは、以前に彼女から聞かされていた。実際の試作品をわずか十分以内に作ってしまったという。明らかに、彼女はこの、史上稀《まれ》に見る強力な予告編映像を何らかの霊感に導かれて作ったのである。

しかし、私が知りたかったのは、最終的な映画自体のアイディアも霊感によるものなのか、それとも、何か別の理由があってひらめいたのかだった。それこそ、意志についての私のこだわりに関わる重大な疑問だったからだ。我々の言う意志とは、独立したものなのか、それとも、後に我々が意志と名付けただけの受け取り物なのか。私はディナーの席でそのことを彼女に問いかけたのである。

ロンダはひとしきり沈黙に沈んだ。あらぬ方向を見据えながら私の質問について熟慮を重ね、答えを探している様子だった。しばらくしてやっと彼女は口を開いた。

「さあ、どうなんでしょう。アイディアが湧いてきた。それは確かね。でも仕事をしたのは私だから、私が創ったのよ。私がそれを起こしたと言うしかないわね」

意味ありげな答えだった。アイディアが湧いてきたということは、霊感が彼女に降りたという意味とも取れる。あの映画のパワー、すこぶるつきの出来栄え、お見事の一言に尽きる市場性からして、すべては神格の手ほどきによるものとしか考えられない。確かに、形にする仕事をしたのはロンダだが、アイディアそのものは霊感として降りてきたのだ。

興味深いのは、映画公開から数カ月経ってその話題性が歴史的なレベルに到達した頃、ロンダが出演者全員に「いまやこの映画はそれ自体の生命を持つに至りました」というEメールを送ったことである。意図（意志）を述べ立てるよりも、彼女はサインに応え、機会をものにしたのだ。本が出版された。ラリー・キングは映画に描かれている題材に基づいて二部構成の特番を組んだ。本のオーディオ版まで出た。続編制作も進行中である。

ゼロ・リミッツのゼロ状態から発する限り、意志は無用だ。ただ受け取って行動するだけでいい。

そうすれば、奇蹟は起こる。


ただし、霊感を差し止めることだってできる。

ロンダは映画製作を促す〝刺激〟にノーと言うこともできたはずだ。そこで幅を利かすのが自由意志というものだろう。何かをしようというアイディアが心に浮かんだとき、それが霊感によるものなのか記憶の産物なのかに関係なく、その衝動に気がついた時点で行動を起こすか否かの選択権は与えられてしかるべきだ。

ジェフリー・シュワルツの名著〝The Mind and the Brain〟（理性と知能）によると、人が意識する意志――選択するパワー――は、意識下に始まった衝動を拒否することができる。言い換えれば、本書を手に取ってみようとする衝動は受けても、そうしたいという衝動は無視できる。それが自由意志であり、シュワルツの言葉を借りれば「意志に背く自由」なのだ。

　彼は次のように書いている。「後に彼（リベット）が奉じるに至った概念とは、自由意志が脳から湧き上がる思考の番人として機能するということであり、彼はその倫理的な含意を回避しなかった」

　伝説的な心理学者、ウィリアム・ジェイムズは、自由意志は何らかの行動を促す衝動の後に生じ、当人が実際に行動する前に生じると考えていた。ここでも、答えはイエス・ノーのいずれでもあり得る。どちらを選ぶかは相当な目配りが必要だ。ヒューレン博士の教えは、絶えずすべての思考をクリーンにすることによって、霊感・記憶を問わず、その場その場の正しい選択が可能になるというものだった。

　私は次第に、私の減量が「食べる量ほど運動をしない」という記憶、もしくは習慣に従わないことを選択した結果だと考え始めるようになった。習慣に耽溺《たんでき》する衝動に背を向けることによって、私は自由意志、もしくは意志に背く自由へと踏み込んだのだ。言い換えれば、過食衝動とは記憶であって霊感ではなかった。予定《プログラム》がもたらしたもので、神格から来たものではなかった。私はプログラムも、それをくつがえすことも無視していたのだ。ヒューレン博士が示唆するより好ましいアプローチから私が得たものは、解放の時が来るまではそのプログラムを愛することであり、その後に残るのが神格だということなのだ。

まだまだすべてを十分に納得するには至らないまでも、私はひたすら耳を傾け、途中で投げ出すまいとした。理解するにはあまりにも奥が深すぎたからだ。

例外はない？

What Exceptions?

私はあなたが見ていると思っているものの物語である。
——バイロン・ケイティー "All War Belongs on Paper"

週末の講義は予想以上に奥深かった。ヒューレン博士によると、求めているもの、体験するもの〝すべて〟が、当人の内にあるという。何かを変えたければ、それを行うのは内側においてであって、外側ではない。ひとえに責任を負うということ。誰のせいでもない。すべては本人次第。

「でも、レイプはどうなるんです？」質問が挙がった。「あるいは、交通事故とか。そういうものは自分に責任があるわけじゃないはずですが？」

「問題を抱えているということは、必ずそこにあなたがいるということに気がついたことはありませんか？」彼が問いかける。「すべてが一〇〇パーセント自己責任なのです。例外はありません。嫌なことから逃げ出そうとしても、抜け穴は一切ないのです。あなたは何もかもについて責任がある。すべて、です」

精神病院で勤務中に殺人犯やレイプ犯を診察したときでさえ、彼は責任を引き受けた。彼らが記憶やプログラムによって行動したことを理解した。彼らを救うためには、記憶を取り除かねばならなかった。唯一の手段はクリーニング。彼が物理的治療の観点から専門的に患者を診察したことが一切ないというのは、そういう意味だ。彼はカルテを見た。その間、黙して神格に語りかけた。「愛しています」「ごめんなさい」「どうか許してください」「ありがとう」。それが、患者をゼロ・リミッツ状態に戻す手助けになると信じて。彼が〝彼自身の中〟でそれをした結果、患者たちは治癒した。

ヒューレン博士は言う。「こうとらえてください。〈ホ・オポノポノ〉とは『正すこと』もしくは『誤りを直すこと』。〈ホ・オ〉はハワイ語で『目標』、〈ポノポノ〉は『完璧』を意味します。古代ハワイ人によると、誤りとは過去の痛ましい記憶に汚染された思考から持ち上がるもの。〈ホ・オポノポノ〉は、アンバランスや疾病《しっぺい》をもたらすそんな痛ましい記憶、つまり誤りのエナジーを解放する方法を提示するのです」

要するに、〈ホ・オポノポノ〉とは一種の問題解決システムだということだ。ただし、それはあくまでも自分自身の内側で行われる。

この新しい進化したプロセスは、一九八二年十一月にそのメソッドをヒューレン博士に教えた高名なカフーナ（ハワイの祈禱師）、モーナによって考案された。ヒューレン博士はこの〝奇蹟の仕事人〝が病院や大学、さらには国連でも講演を行っていることを聞き及んでいた。彼は彼女に会い、彼女が彼の娘の帯状疱疹《たいじょうほうしん》を治癒させたのを目《ま》の当たりにして、すべてを投げ打って彼女に付いて研鑽に励み、その平易なヒーリング・メソッドを学んだ。ヒューレン博士自身、当時結婚生活に悩みを抱えていたことから、家族のもとを離れたのだった。スピリチュアルな教師に付いて学ぶために家族のもとを離れた人々は過去にも例がある。ヒューレン博士はとにかくモーナのメソッドを学びたかった。

ただし、彼はその風変わりな方法をあっさりと受け容れたわけではなかった。彼女の研究会に加入して三時間も経たないうちに、いったんは脱退したほどだ。「精霊の話ばかりでバカらしくなった」と彼は述懐する。「だから逃げ出してしまった」

一週間後、戻って受講料を払いなおした彼は、改めて彼女のセミナーをまっとうしようと試みたが、やはりついていけなかった。学術肌の彼の感性には、彼女の教える内容のすべてがあまりにも非現実的としか映らなかったのだ。かくして彼は再び研究会から脱退した。

「また戻って、今度は三度目の正直で週末いっぱい我慢した」と彼は私に語った。「その時点でもまだ彼女が常軌を逸していると思っていたんだが、ふと彼女の話の何かが私の琴線《きんせん》に触れた。そのまま、一九九二年に彼女が転居するまでい続けた」

モーナの自発的インナーメソッドは、ヒューレン博士らによると、奇蹟を起こした。彼女は祈りを唱えるだけで、なぜか記憶とプログラムを消し去ったという。その祈禱文こそ私が学びたいと思ったものであり、それが叶うまでは心の落ち着く先が見えなかった。

モーナは"I Am a Winner"という本に寄稿した文章の中で自らのメソッドについて触れている。「このプロセスは、私が二歳の頃から慣れ親しんできた古いシステムを刷新したものだが、それでも"古代の叡智"の"本質"を保ち続けている」

メイベル・カッツはその小著"The Easiest Ways"においてこう述べている。「〈ホ・オポノポノ〉は許しと悔い改めと変換のプロセスである。いかなる手段を行使しようと、我々はその都度、一〇〇パーセントの責任を負い、（自らに）許しを請うている。そして我々は、人生において発生するすべての物事が、単に我々の"プログラム"の投影にすぎないことを学ぶのである」

では、モーナの最新版〈セルフ・アイ＝デンティティー・ホ・オポノポノ〉プロセスは、伝承の〈ホ・オポノポノ〉と、どう違うのだろうか。ヒューレン博士は次のように解説している。

	セルフ・アイ＝デンティティー・ホ・オポノポノ	伝承ホ・オポノポノ
1	問題解決は一個人の内面で処理される	問題解決は個人間で処理される
2	介在するのはあなたと「私」のみ	一人の上級メンバーが参加者全員とともに問題解決セッションを執り行う
3	物理的に存在するのはあなたのみ	問題に関与する全員が物理的に存在する必要がある

4　「私」に対する悔い改め
参加者一人ひとりが各々に対して悔い改めることを要求され、上級メンバーは係争にならないように調停役を務める

5　「私」からの許し
参加者一人ひとりが他の参加者一人ひとりの許しを願う必要がある

伝承〈ホ・オポノポノ〉においては、問題解決力に長《た》けた上級メンバーが責任を持って、問題として抱えていることを発言する機会を全員に与えるよう世話をするが、これが常に厄介事の種になってしまう。参加者それぞれの、問題に対する見方がどうしても違うからだ。その点、個人単位で処理される進化形プロセスのほうが都合が良い。誰の助けもいらない。ずっと理に適《かな》っている。学生時代、ベストセラー本（"The Dark Side of the Light Chasers"）の著者、デビー・フォードのようなユング理論を信奉する教師に習った私には、あらかじめ、変化の場が環境や他者ではなく自分の内面であるという理解があった。

「最新の〈ホ・オポノポノ〉プロセスに加えて」とヒューレン博士は続ける。「モーナはセルフ・アイ＝デンティティーのカギとなる〝**自我の三つのパーツ**〟を含むよう導かれました。実在のすべての分子に存在するこの三つのパーツは、それぞれ『**ウニヒピリ（＝子供／無意識）**』『**ウハネ**

（＝母／意識）』『アウマクア（＝父／超意識）』といいます。この〝内なる家族〟が一つの状態にあるとき、その人のリズムは神格とともにあります。このバランスによって生命は流れます。したがって、〈ホ・オポノポノ〉は個人を最優先し、その後ですべての創造物という具合に、バランスを修復する手助けをするのです」

驚くべきプロセスだ。彼の説明はさらに続く。

「〈ホ・オポノポノ〉はその実きわめてシンプルです。古代のハワイ人にとって、問題とはすべからく思考として始まります。しかし、思考を持つこと自体は問題ではありません。では、何が問題なのか。我々の思考がすべて痛ましい記憶――人間の、場所の、あるいは物事の記憶――に染められていることが問題なのです。

知識人だけの努力ではこれらの問題は解決できません。知識人はただ管理するだけですから。管理するだけでは問題は解決しません。深入りしてはだめなのです。〈ホ・オポノポノ〉を使うと、神格が痛ましい記憶を取り上げて中和ないしは浄化してくれます。人や場所、モノを浄化するのではありませんよ。人や場所、モノに付随するエナジーを中和するのです。要するに〈ホ・オポノポノ〉の第一段階はそのエナジーの浄化です。

するとと驚くべきことが起こります。エナジーが中和されるばかりでなく解放され、そこにまったく新しい記録《スレート》ができます。仏教ではそれを『空《ヴォイド》』と呼んでいます。最終段階で、あなたは神格の介入を受け入れ、光とともに『空』を埋めるのです。

〈ホ・オポノポノ〉を行うに当たっては、問題や誤りが何なのかを知る必要はありません。物理的、精神的、情緒的、何であろうとあなたが体験する問題を認識するだけでいいのです。認識したら即、あなたの責任で清めるように努めなさい。つまり『ごめんなさい。どうか許してください』と言うのです」

モーナについて調べてみたところ、彼女のインタヴューを収めたＤＶＤさえ出ているのがわかった。そして、面接の有無を問わず患者を治す彼女の祈りが見つかった。以下は、その祈禱文の抜粋である。

神聖なる造物主よ、父よ、母よ、子よ……もしも私、私の家族、親類、子孫らが、汝を、汝の家族、親類、子孫らを、ここに至る我らが創造物の始まりより来る思考、言葉、出来事、行動において傷つけたならば、願わくば許したまえ。

すべての否定的記憶、障害、エナジー、動揺、これを洗い清め、浄化し、解放し、切り去り、そしてこれら望ましからざるエナジーを純なる光に変えさせたまえ……かく成されたり。

これがどのように人の心にあって癒しの鍵を開け放つのかはわからなかったが、すべての本質が「許し」にあることは見えてきた。どうやら、モーナ、そしてヒューレン博士は、許しを請うことによって一気に癒しへの道が開けると信じているらしい。我々の幸福を阻害しているものとは、愛の欠如に他ならないということだ。許しがそれを迎え入れるための扉を開くのである。

非常にそそられるものがあった。もっとも、〈ホ・オポノポノ〉がどうやって「私を、あなたを、あるいは精神的に病んでいる者を癒す拠《よ》り所になるのか」は未だにわからない。耳を傾け続けた。ヒューレン博士はさらに、我々は生きるために一〇〇パーセントの責任を負わねばならないと述べた。例外はない。言い訳もない。抜け道もない。

「あなたはどう思いますか？　我々は皆、自分の人生に一〇〇パーセントの責任を負っているとわかっているんでしょうか？」彼は問いかける。「十年前、私は自分自身と取引をしました。気分が悪くなるくらいでっかくて甘ったるいアイスクリームを買い求めても、誰の目も気にせず過ごせるかどうか。だめでした。何度かこっそりとやってみたのですが、一日たりとて心が休まることはなかった」

なるほど、彼もやはり生身の人間だ。この告白には好感が持てた。私自身、自分は違うんだとがんばっているつもりでも、つい周囲の人々や状況に動揺してしまう。生きる上で出会う物事の大半におよそ寛容になり切れない私だが、いかなる状況でも心から楽しめないこともまた事実なのだ。

「しかし、どうしたら私は人々に伝えられるのだろうか――すなわち、我々は問題に対して一〇〇パーセントの責任があるということを」彼は問いかける。「問題を解決したければ自力でやるべし。他人の問題なら、さしあたっては自分自身に訊いてみるといい。『自分の中で何が起こってるんだ？　この人に煩《わずら》わされている自分って何なんだ？』と。だいたい、人ってのは会うたびにろくなことがない！　それがわかっていれば状況は打開できる。どうやって？　簡単だ。『何がなんだかわからないけどごめんなさい。どうか許してください』」

彼はさらに続ける。「例えばあなたがマッサージ・セラピストか指圧師で、背中が痛いといってやってくる人を迎える場合、自分にこう問いかけるのです。『この人の背中が痛いというのは、自分の中に何かが起こっているんじゃないだろうか』」

まるで両足で空を蹴って体をひねる《ヘッドスピニング》ような斬新な考え方だ。おそらく、それがヒューレン博士をして心神耗弱《こうじやく》状態の犯罪者を根こそぎ治すことを可能にした理由の一部なのかもしれない。

彼らに直接働きかけたのではない。自分自身に働きかけたのだ。

話はさらに続く。「本質的に我々は皆、純粋な生き物です。プログラムもなければ記憶も、むろん、霊感とて持たない。それがゼロ状態です。そこに、ゼロ・リミッツがある。ところが生きるにつれて、我々はちょうど風邪を引くようにプログラムや記憶を〝引いて〟しまう。風邪を引くのは悪いことではないが、何にしろそれを取り除いて清めてやる必要がある。プログラムの場合も同じです。他人の中にプログラムを見つけたときは、自分の中にもそれがあるということです。逃れるためには清めるだけのこと。

人生の構築に日々一〇〇パーセント責任を持つことに前向きな人であれば、誰にでも問題や疾病から脱却できるのです。ハワイに古くから伝わる〈ホ・オポノポノ〉のヒーリング・プロセスは、ＬＯＶＥに祈願して内なる誤りを浄化するものです。『ごめんなさい。どうか、私の内に起こっている問題として生じたものについてお許しください』と述べるのです。すると、ＬＯＶＥの力がその問題として生じた誤りを変質させるでしょう。

〈ホ・オポノポノ〉はそれぞれの問題を、試練としてではなく機会だととらえます。問題とは単に、姿を現した過去の記憶の再生にすぎないのであり、改めて愛ある眼で見つめなおして霊感によって行動する機会なのです」

繰り返すが、研究会の詳細を明らかにすることは厳しく禁じられている。私は不開示合意の契約をしなければならなかった。何よりも参加者のプライバシーを守るためだ。しかしこれだけは言える。すべては「人生に責任を負う」ということなのだ。

特に珍しい考え方ではない。私も以前に耳にしたことがある。しかし、この研究会で教えられたことほどの全方位的レベルでは決してあり得ないはずだ。**完璧なる責任とはすべてを受け容れること——あなたの人生に割り込んできた人々や彼らの問題さえも。なぜなら、彼らの問題はあなたの問題なのだから。それらはあなたの人生の内にあり、あなたが自分の人生に一〇〇パーセントの責任を負う限り、彼らが体験したことについても一〇〇パーセントの責任を負わねばならないのだ**（以上を読みなおしていただきたい。あえて申し上げる）。

まったく、頭が痛くなって眼からウロコが落ち、脳髄が痙攣《けいれん》を起こしそうなコンセプトではないか。そうやって生きることは、かつて体験したことがないほど人生が変質を遂げることになる。しかし、現実に一〇〇パーセント責任を負うというアイディアは、理解こそすれ、誰にでもすぐ実行できるものではない。

とはいえ、理解した後の次なる命題は、どうすれば自分自身を変え、それによって残りの世界も変わるのかということになる。

唯一確実な方法は「I love you.」。ヒーリングの扉を開くおまじない。ただし、それを使うのは自分に対してであり、他人にではない。彼らの問題は自分の問題だ、念のため。だから彼らに働きかけてもあなたは救われない。ヒーリングが必要なのはあなたなのであって彼らではない。自分で自分を癒さねばならない。あなたはすべての体験の源なのだ。

以上が当世風〈ホ・オポノポノ〉プロセスの真髄である。

四の五の言わずにとにかく〝そのこと〟をかみ締めるべし。

その間、私は「I love you.」と言い続けるのみ。

その週末の研究会で出された要点の一つは、人は記憶か霊感のいずれかにしたがって行動しているということだった。記憶は考えようとし、霊感は許そうとする。ほとんどの人は圧倒的に記憶の範囲内に生きている。我々はそのことを意識していない。なぜなら、我々は本質的に無意識だからだ。

世界の見方が変われば、神格はあなたの心の中へメッセージを送ってくる。しかし、記憶が再生中だと——たいていは常にその状態にある——霊感が働いていてもそれを自覚しない。結果として神格の言葉が聞こえない。頭の中で再生中の雑音に遮られてしまう。

ヒューレン博士は要点をわかりやすくするためにイラストを描いてくれた（図参照）。三角形が

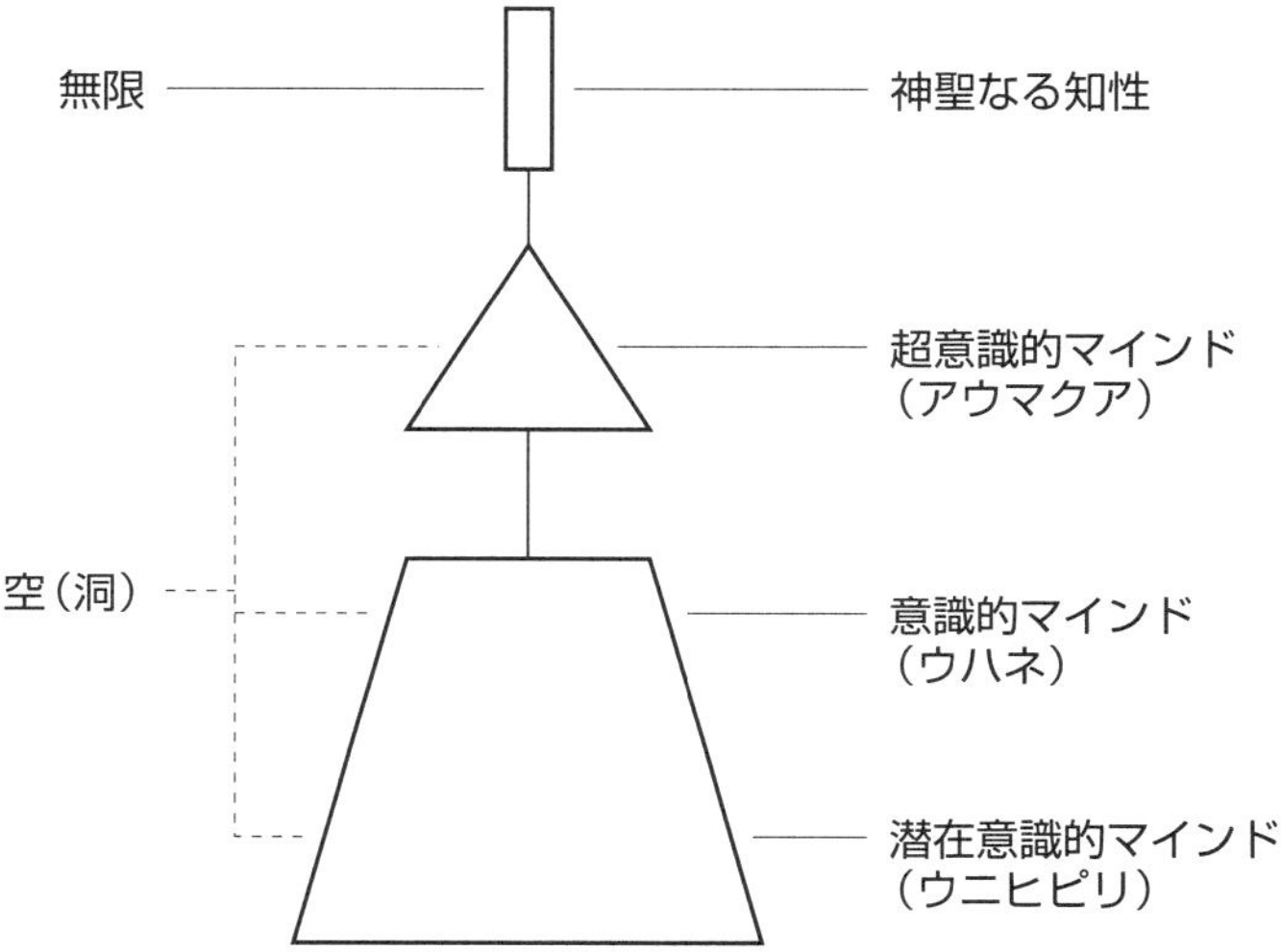

一つ。彼はそれが〝あなた〟、つまり一個人だと言った。その核には神格以外何もない。それがゼロ状態であり、そこにゼロ・リミッツがある。

神格より人は霊感を受ける。霊感は神格から降りてくるが、記憶は集合的な人類の潜在意識に潜《ひそ》んでいるプログラムである。プログラムとは信念のようなものであり、それが他人の中にあると気づいたときに他人と共有するようにプログラミングされている。我々の目標はすべての記憶を消去し、霊感を受け止めるためのゼロ状態に戻ることである。

ヒューレン博士はたっぷりと時間をかけて、記憶とは共有されるものだということを説明した。

「他人の中に何か嫌なものを見つけたら、それはあなたの中にもあるということです。あなたの仕事はそれを清めること。そうすればそれは相手からも消えてしまいます。実際には、いずれそれはこの世からも消えてしまうことになります。この世で最も根強いプログラムの一つに、男性に対する女性の嫌悪があります。私はずっとそれを消そうとし続けているのですが、それはまるで、広い海底から海藻を何本も引き抜くようなものです。海藻の一本はプログラムの脚の一本です。女性には男性への嫌悪が深く根付いているのです。できるだけそれを解放してあげたいものです」

いまひとつピンとこなかった。ただ、世界地図、もしくはその別モデルのようにも思えた。心理学者、哲学者、宗教家にありがちな考え方だが、それが世界をそっくり癒してしまうのであれば悪くない。つまるところ、ヒューレン博士が心神耗弱状態の犯罪者を病棟ごと癒すことができるのなら、他に何ができる?

しかしヒューレン博士は指摘する。〈ホ・オポノポノ〉は簡単ではない、コミットメントが必要だという。「マクドナルドが生活に及ぼしたアプローチとは違います。ドライブスルーで簡単に注文できるようなものではありません。神は注文を受けてはくれないのです。常に心を砕いて清めに徹しなければなりません」

彼は、一般人ならとても手に負えないと思えることについても、その清めのメソッドを使ってきたという。例えば、NASAのあるエンジニアが訪ねてきて、ロケットに関する問題を持ち込んできたときの話。

「彼女がやってきたときから、私は自分がその問題の一部なのだと仮定しました。だから、清めることにしたのです。ロケットに対して『ごめんなさい』と言って。後に、再び訪ねてきたそのエンジニアは、ロケットがなぜか飛行中に自らトラブルを修理したと言いました」

〈ホ・オポノポノ〉がロケットにも影響力を及ぼしただって？　ヒューレン博士とそのエンジニアはそう考えているらしい。私が当のエンジニアに話を聞いてみたところ、彼女はロケットが自らを修理するのは不可能だと述べた。何か別の力が働いたとしか思えない、奇蹟のような何かが

――彼女はそれを、ヒューレン博士の力による清めのおかげだと思っている。

私にはとてもこの話を真に受けることはできない。そうは言っても、他に説明の余地がないことも認めざるを得なかった。

一人の男が研究会の休憩中に私に近寄ってきてこう言った。「あなたと同姓同名の有名なインターネット・マーケッターを知っているんですが」

冗談を言っているとも、そうでないとも判じかねた私は問い返した。「本当ですか？」

「ええ、彼は何冊も本を出していて、その中で心霊マーケティングのことや催眠術のことを書いていますよ。うらやましいくらいに」

「それは私です」

相手はひどくきまりが悪そうだった。会話をそっくり聞いていたマーク・ライアンは吹き出してしまったという。

どのみち、私のセレブリティーステイタスがオンラインで知られていようといまいと、この研究会での私は有名人になりつつあった。ヒューレン博士が幾度となく私を指していたために、一種特別扱いをされているような印象が広まっていたからだ。ある人などは「あなたはヒューレン博士の縁者なんですか？」と訊ねてきたくらいだ。私は否定したあとで、その人物になぜそう思ったのかと訊いてみた。「よくわかりませんが、とにかく彼があなたを贔屓《ひいき》しているような気がしたもので」

贔屓されることをネガティブな意味に感じたことは決してなかった。私は目立つのが好きだし、個人的に得したような気になっていたからだ。ヒューレン博士は私が作家だということを知っていて、インターネット上でもそのことを確かめていた。きっと彼は何となくわかっていたのだと思う。この〝ヒーリング・メッセージ〟を私が身につけたら、私が多くの人々を助けることができるようになるのだ、と。

とはいえ、神格から霊感を受けた状態にある彼が私を導師として仕込むつもりだったなど、当時の私は知る由《よし》もなかった。ただし、それはこの世に対する導師ではなく、私自身に対する導師だったのだが。

I Love You
アイ・ラヴ・ユー

あなたがまずあなた自身《セルフ》であるときこそ、
あなたにとって完璧で、無傷で、完全で、正しいことを
あなたは何ら否定し得るものではない。
あなたのセルフを最優先させれば、あなたは自動的に、
神聖なる思考、言葉、行為、行動に導かれて理想を体験する。
有害な思考を優先させてしまうと、あなたは自動的に、
疾病、混迷、悔悛、憂鬱《ゆううつ》、非難、貧困に導かれて
不完全を体験する。

——イハレアカラ・ヒューレン博士

私はベストを尽くしてヒューレン博士のメッセージを吸収しようとしたが、学びたい、もしくは学ぶべきことはあまりにも多かった。我が身をスポンジと化し、ただ自分自身をオープンにするだけで、どんな考え方でも〝身に付ける〟のはお手のものだったはずなのに。このセミナーに

参加して以来、私は遭遇する何ものに対しても、その善悪を問わず、「I love you.」と言うのが、人生唯一の仕事のように感じ始めていた。目にしたり感じたりする限られたプログラムを消去できれば、ゼロ・リミッツ状態を達成し、私自身を通してこの惑星に平和をもたらせるような気になっていた。

マークのほうはいま一つ、セミナーのメッセージを把握するのに苦労していた。彼はどうしても論理的な枠に当てはめないと気がすまなかったようだ。私は徐々に理解し始めていた。マインドは何が起きているのかまったく気がついていない。ということは、論理的説明をいくら探そうとしても、そのこと自体が間違ったレシピなのだった。

ヒューレン博士は繰り返し強調する。人は誰であれ、毎瞬一五〇〇万もの事柄をその身に体験している。しかし、意識(のあるマインド)がカバーできるのはせいぜい一五の事柄なのだと。人生という劇中のすべての要素を理解することなど、とうていできっこない。放っておきなさい。信じるのです。

確かに正気の沙汰とは思えないことも少なくなかった。例えば、セミナー中にある紳士が、壁に穴が開いているのが見えてそこを何人もの死人がふらふら出入りしていると言い出したことがある。

「なぜそれが見えたのかわかりますか?」ヒューレン博士が問いかけた。

「さっき精霊について話をしていたからです」誰かが言った。

「その通り」とヒューレン博士は認めた。「話すことであなたはそれらを引き寄せたのです。他の世界に目を向けてはいけない。この瞬間、この世界に留まるべく全力を尽くしてください」

私には亡霊などどこにも見えなかった。見たという人々をどう理解すればいいのか。『シックス・センス』はいい映画だった。しかし、あくまでも映画にすぎない。精霊が姿を見せて私に話しかけてくるなんて願い下げだ。

ところが、ヒューレン博士にはよくあることらしい。精神病院で働いていた頃、彼は真夜中に誰もいないトイレから水を流す音が聞こえたことがあるという。

「精霊であふれていたのです」彼は言う。「それまでの数年間、多くの患者がその病棟で亡くなりましたが、彼らは自分たちが死んだと思っていなかったのでしょう。彼らはまだそこにいたのです」

つまり、トイレを使っていたのは彼らだった？

そうとしか考えられません。

まさかとは思ったが、ヒューレン博士は先を続けた。誰かと話しているとき、相手の眼が周りから曇ったフィルムがかかったように白っぽく見えることに気づいたら、その人には何かが憑依《ひょうい》しているのです。

「話しかけようとしてはいけません。その代わりに、あなた自身を清めることによって、彼を覆いつくしている闇を取り除くようにしてください」

私はきわめて偏見のない人間だが、この精霊やら憑依やら夜中にトイレを使った亡霊やらの話にはさすがに面食らった。それでも、ぐっとこらえた。知りたかった。自分自身に、他人に、富と健康と幸福をもたらすという、究極のヒーリング術の秘密を。目に見えない世界に足を踏み入れて〝そこ〟にたどり着くために〝トワイライトゾーン〟を彷徨《さまよ》うなんて考えてもみなかった。

セミナーでは、床に寝そべって体の中のエナジーを解放する練習も行われた。そんなとき、私はヒューレン博士から近くに来るよう呼ばれた。

「この女性を見ていると、スリランカの飢餓が見えます」

私の目には、カーペットの上でストレッチしている女性の姿しか見えなかった。

「清めるべきものは山ほどあるということです」ヒューレン博士が言った。

混乱しながらも私は理解できる範囲で実践に精を出した。最も簡単なのは単にのべつまくなしに「I love you.」と言うことだったから、そうした。ある夜、トイレに行ったとき、尿路感染症に罹《かか》りかけている感覚があった。これはいけないと、神格に向かって「I love you.」と言った。

すぐにそのことを忘れ、朝にはなんともなくなっていた。

心の中で繰り返し、私は「I love you.」と言い続けた。何が起こっていようと、その善悪、違いにかかわらず。何でもかまわない、いや、それに気づいていようといまいと、その瞬間にあるものを清めることにベストを尽くそうとした。とりあえず、功を奏した例をご紹介しよう。

ある日、私のもとに嫌味なメールが届いた。かつての私ならいい加減カッとなって送信者を何らかの方法で締め上げてやったところだが、今回はヒューレン博士の方式を適用することにした。

とにかく無言で「I love you.」「I love you.」と言い続けたのだ。特に誰かに対してというわけでもない。ひとえに私の中で、この外側の状況を生じさせ、もしくは引き寄せたものを宥《なだ》めるために、愛の精霊を呼び出そうとしたのだ。

一時間もしないうちに同じ人物から新たなメールが届いた。そこには先ほどのメッセージを謝罪する言葉が書かれていた。

お忘れなく。私は、彼から謝罪を求めるために何ら外面的な行動を起こしたわけではない。返事を送ってもいない。単に「I love you.」と言うだけで、私と相手の双方が関与した見えないプログラムを、私の内側において癒すことができたのである。

このプロセスは必ずしも即座に結果を出してくれるわけではない。そもそも結果を出すためではなく、平穏を成就するためのものなのだ。そのことを旨として行えば、たいていの場合、当初求めていた結果が得られる。

例えば、ある従業員が私の前から姿を消したときのこと。彼にはある重要なプロジェクトに関して切羽詰まった状況で仕事を言いつけてあったのだが、その仕事を終えていないばかりか、まるでこの地上から消えたように行方がわからなくなったのだ。

気に入らなかった。その頃にはすでにヒューレン博士のメソッドを知っていたにもかかわらず、私はとても「I love you.」と言う気になどなれなかった。代わりに「I want to kill you.」と言ってやりたかった。この従業員を思い出すたびにむしゃくしゃした。

それでも、我慢して「I love you.」「Please forgive me.」と唱え続けた。誰に対してでもない。ただ言うだけだった。愛などちっとも感じていなかった。実際、私の心が平穏に近い状態を保てるようになるまでには三日もかかった。

すると、従業員の所在が判明した。

彼は刑務所にいた。私に救済の電話をかけてきたのだ。私は彼の要求に応えつつ、彼との関わりにおいて引き続き「I love you.」を実践した。瞬時に結果が得られたとは言えなかったが、心に平穏を見出した私は実に晴れ晴れとした気分になった。そしてなぜか、その頃には当の従業員も同じことを感じていたという。それはまさに彼が看守に電話を借りたいと申し出たときのことであり（そして私に電話をかけた）、その電話で、私は緊急プロジェクトを完遂《かんすい》するのに必要な回答を得ることができたのだった。

ヒューレン博士が主宰する〈ホ・オポノポノ〉研究会に初めて足を運んだ折、彼は私の著書“The Attractor Factor”を褒めた。そして、私が自分自身を清めれば、私の本の波動が高まってそれを読む人々も必ず同じ心境に至るだろうと言った。要するに、私が進歩すれば読者も進歩するというのだ。

「すでに売れた本についてはどうなんでしょうか？」と訊いてみた。本はベストセラーになって幾度も版を重ね、近くペーパーバック版が出ることになっていた。すでに買ってくれていた人々のことが気になったからである。

「それらの本は外に出ていません」彼はそう言った。またしても私を惑わせる謎めいた名言。「まだあなたの内にあります」

つまり**「外にあるもの」などあり得ない**。

この、深遠という名に値する高等テクニックを説明するとすれば、優に一冊の本が出来上がるだろう。だからこそ、私はヒューレン博士の承認を得て本書を書いている。突き詰めれば、人生において経済的問題から人間関係まであらゆる進歩を目指すとき、見るべき場所はただ一つ、自分自身の内側だということなのだ。

セミナーに参加した全員がヒューレン博士の言わんとするところを把握したわけではなかっ

た。最終日の終わり近くになって、彼らは博士を質問攻めにした。そのすべてが論理的な心理に根ざしたものだった。

「私の清めがどうやって他人に影響を及ぼすのか？」

「自由意志はどこへ行ってしまったのか？」

「こんなに次から次へとテロリストどもが我々を脅かすのはなぜなのか？」

ヒューレン博士は無言だった。その眼が、部屋の一番奥に座っていた私をじっと見据えているように思えた。苛立《いらだ》っているように見えた。彼のメッセージが「外にあるのではなく、すべては自分の内側にある」ことに尽きるのだとすれば、まさに彼は人々自身の理解力の欠如を映し出す質問、彼らの理解力の欠如をひしひしと感じているに違いなかった。私には彼がため息をついているように見えた。きっと、内心でこうつぶやいていたのだろう。

「I'm sorry. I love you.」


セミナーの参加者の多くがハワイ風の名前を持っていることに気づいていた。しかし、ハワイの人には似ても似つかない人ばかり。マークと私がそのことを訊ねると、ヒューレン博士は何かに駆り立てられているように見える人に新しい名前を授けるのだという。自己を捨て、ゼロ状態で神格に没入する過程にある〝新しい自己〟として識別するためだという。

私にはよくわかる。いまを去ること一九七九年、私はスワミ・アナンド・マンジュシュリだった。当時の導師、バグナン・シュレー・ライネーシュから授けられた名前だ。あの頃、過去にとらわれ、貧困に抗《あらが》い、生きる意味を探していた私にとって、その名前は心機一転を志すよすがだった。以後、私は七年間その名を名乗った。すると当然の疑問が起こってくる。ヒューレン博士が私に新しい名前を授けようとしないのはなぜなのだろうか。

実際に訊ねてみたところ、彼はそのことを神格に伺いを立ててみると言った。「霊感を受けたと感じたらその内容をお伝えしよう」。最初のセミナーが終わって一カ月ほど経った頃、彼からメッセージが届いた。

ジョー

先日、私の心に雲が差しかかるのを見ました。それは次第に姿かたちを変え、激しく沸き返って淡い黄色を帯びていきました。次にそれは目を覚ました子供のように伸びをしてから徐々に見えなくなっていきました。そのぼんやりしたものの中から、神性という意味の「Ao akua」という名前が浮かび上がってきたのです。

私はこのEメールのメッセージの一部として次の引用文を受け取りました。

「我に生を貸し与えたる主よ、感謝に満ちあふれた心を我に貸し与えたまえ」

あなたに、すべての理解を超えた平穏がありますように。

Peace of I,

イハレアカラ

「Ao akua」という名前は気に入ったが、どう発音するのか皆目見当がつかない。私は返事にその問いをしたためた。するとまたメールが来た。

ジョー

「A」は「father」の「a」のように読みます。
「O」は「Oh」の「o」、
「K」は「kitchen」の「k」、
「U」は「blue」の「u」です。

Peace of I, イハレアカラ

なるほど。とてもいい名前だと思った。公には決して使わず、ヒューレン博士に宛てて書くときだけに添えるようにしたが、後にwww.JoeVitale.com上でブログを始めてから、締めくくりを「Ao akua」で通すようにしている。訳を訊いてきた人はほんのわずかしかいない。だとしても自慢だった。それが由来するところ、つまり「雲を分かって神に会う」というフレーズを使うことによって、私のブログが清められるよう神格にお願いしているような気分になるからだ。

週末のトレーニングで頭の中に「I love you.」が一時的にせよ定着した私は、さらに貪欲になっていた。

そこでヒューレン博士にメールを書いて、テキサスにやってきて私の友人グループに〈ホ・オポノポノ〉について講義してもらえないかと頼んでみることにした。

私自身が彼からさらに吸収するための計画だった。テキサスに飛んできてくれたら私の家に泊まってもらう。しばらく一緒に暮らせば、例の病棟ごと精神病の犯罪者たちを治した方法も含めて、彼の頭脳を覗き見ることができるかもしれない。はたしてヒューレン博士は次のような同意のメールを送ってきた。

ジョー

わざわざ呼んでくださってありがとう。そんな義理もないのに。感謝しています。

この二月にインタヴューという形式で非公式にオースティンに赴くことをお約束しましょう。おそらく、インタヴューの落としどころはあなたが著書“Adventures Within: Confessions of an Inner World Journalist”(内なる冒険／あるインナーワールド・ジャーナリストの告白)で触れている、問題解決アプローチの実地調査のようなものになるはずです。その際、あなたはインタヴューする側以上、私はインタヴューされる側以上の存在になることでしょう。

情報の伝達に当たって明瞭性はつとに重要です。それがいかなる芸術の形を取ろうともね。端的に、問題が何なのかが不明瞭だと原因も量りかねる。問題の何たるかがもう一つはっきりしていない人が、どうやって解決すればいいのか。処理されるべき問題をどこに見つけるべきなのか？　心の中？　それはどういうことか？　それとも肉体に(たいていの人はそうだと信じています)？　いや、両方か？　たぶん、そのような場所ではないのでしょう。

さらには、問題を解決するのが誰で、何なのかという課題もあります。

あなたが著書の中で言及されているように、『オプション』や『フォーラム』などの方法を使って問題解決に当たる方でさえ、非難を免れずに済むのはむずかしいのです。非難や信念は真の問題なのでしょうか。真の問題は誰の目にも明らかなように明確にするべきなのです。

今回の非公式インタヴューの骨子は、メソッドやコンセプトの善悪、正邪についてではありません。繰り返される非明瞭性を打破する方法についてです。もしも、あなたと私で荒波を最後の微細な断片まで清めることができれば、とてつもない奉仕を提供することになるでしょう。

もちろん、一瞬ごとにそれなりの特異なリズムと潮流が運ばれてきます。結局は、シェイクスピアの『ジュリアス・シーザー』でブルータスが（わかりやすく）述べている通り、我々は「一日の幕が下りるまですべてがどう転ぶか待たねばならない」のです。

このインタヴュー設定についてのあなたのご意見をお聞かせください。ブルータス同様、私には何らこだわりはありません。

平穏を
イハレアカラ

私は直ちにヒューレン博士と私自身を囲むプライベート・ディナーを催す発表を行った。五、六人くらいは来てくれるかなと思っていた。実際には一〇〇名近い人々から参加希望があり、最終的に七五名が参加費用を払って席を予約してくれた。

驚いたことに、ヒューレン博士はこのイベントに参加する人々の完全なリストを要求した。彼ら全員を清めたいというのだ。わけがわからないままに、私はリストを彼に送った。すると返事が来た。

リストをありがとう、アオ・アクア。

これは単に浄化についてであり、神とともに清められるようにする機会です。

かくて魂よ　汝の僕《しもべ》の喪失に生きるべし
そは悲嘆を　汝の記憶に加うるに任せよ
不純なる時を売り　神なることばを買え
糧《かて》満ち足りて　さらなる富を追うなかれ
ゆえに死に糧をなすは人に糧をなすこと
死ひとたび死せばもはや死ぬることなし

Peace be with you,
イハレアカラ

オースティンに到着したヒューレン博士を出迎えると、彼は早速、私の人生に関する質問を浴びせてきた。

「あなたがこれまでの人生についてお書きになった本（"Adventures Within"のこと）を読むと、平穏を得るためにいろいろと幅広くなさってきたようですが」と彼は始めた。「実際に効果があったのはどれですか？」

しばらく考え込んだ私は、すべてがそれなりに効果があったものの〈オプション・プロセス〉が最も実用的で信頼性があったと述べた。すなわち、何が本物かを見極めるために信念を問いなおす方法のことである。

「信念を問いなおすとき、あなたには何が残るのですか?」

「何が残るかといえば……」私は繰り返した。「選択に関する明瞭性でしょうか」

「その明瞭性はどこから来るのですか?」

彼が何を意図しているのか量りかねていた私に、彼はさらに訊ねた。

「人は愚かにして頑迷でありつつも、富を得られるのはなぜでしょうか?」

彼がこんな質問をするとは驚いた。富と〝愚か者〟は両立しない——思わずそう言おうとした。いかなる書物にも天使のみが富めるとは書かれていない。おそらくは、非難を受けやすい人ほど金銭にこだわるものだから、富を得てもなお嫌われるのだろう。しかし、私はそのとき、どう答えていいのか言葉が見つからなかった。

「わかりません」私は素直に述べた。「豊かになるのに人格を変える必要があるとは思えません。富を受け容れるという信念を持つしかないのでしょう」

「では、その信念はどこから来るのでしょうか?」彼は問いかける。

彼のトレーニングを受けた私には簡単な質問だった。「それは、人々が生きる上で拾い出したプログラムだからです」

そこで彼は再び話題を変え、私が紛れもない催眠術ライターだと言った。どうやら、彼は私が〈ホ・オポノポノ〉について本を書くというアイディアを歓迎し始めていたようだ。

「じゃ、私に本を書かせてもらえるんですね?」私は訊いた。

「この週末次第ですよ」彼が言う。

「そのことですが、今夜のディナーで我々は何をどうすればいいでしょうか」

私はかねてより場を仕切って列席者が満足するように巧《うま》く計らうのが常だった。

「何も考えていません」彼は言った。「私は神格を信じます」

「そうは言っても、あなたが先にスピーチをするのか、それとも私なのか、どうしましょう。あるいは、とっかかりに何か私に読み上げてほしいものがあるとか?」

「いまにわかります」彼は言った。「準備は要りません」

これには戸惑うばかりだった。知りたいのは私に何を期待されているかなのに。ヒューレン博士は私を暗闇に押し出そうとしている。いや、それを言うなら光にか。そのときはどちらともつかなかった。彼はさらに、私には未だ知り得ない話を続けた。

「我々人間が日々の営みにおいて気がつかないのは、生命に対する着実で絶え間のない抵抗です。この抵抗は、我々を、我々のセルフ・アイ=デンティティーや自由、霊感、そして何よりも神聖なる創造主自身から、着実に絶え間なくずれていくように仕向けます。要するに、我々は我々の心の砂漠で目的もなく彷徨《さまよ》っている〝ずれた〟存在なのです。我々は『抵抗するなかれ』というイエス・キリストの教えをすぐに忘れてしまう。我々はもう一つの教え『平穏は我より始まる』に気がつかないのです。

抵抗は我々を、苦悩と、超自然的、精神的、肉体的、物質的な不毛との、絶え間のない状態に絡め取るのです。シェイクスピアならいざ知らず、我々は常に、流れている状態ではなく抵抗状態にあることに気がつかない。我々が意識する断片の一つひとつに、少なくとも一〇〇万の断片が潜在意識下で働いているのです。断片一つでは救済の役に立たない」

今夜のディナーイベントはなかなか楽しめそうだ。

ディナーが開かれる部屋を見せてくれと言う。

テキサス州オースティンの繁華街にある某ホテルの最上階。だだっ広いダンスホールである。支配人は快く部屋に入らせてくれた。ヒューレン博士が我々二人だけにしてほしいと頼むと、彼女は頷《うなず》いて部屋を後にした。

「どう思います?」彼が訊く。

私はざっと見回してから言った。「カーペットが汚れてますね」

「どんな印象を持ちましたか? 良い悪いではありませんよ。あなたの印象は私のそれとは違うかもしれない」

気を落ち着けてからしばらく集中してみた。突然、膨大な車の往来、倦怠《けんたい》感、闇を感じた。それが実際には何で、どういう意味なのかはわからない。とにかくヒューレン博士には正直に答えた。

「この部屋は疲れてますね」彼が言った。「出入りした人々に愛されたことがない。感謝してあげなければ」

奇妙なことを言う。部屋を人間扱いしているのか？　部屋に感情があるとでも？

まあ、いいだろう。

「自分の名前はシーラだと言っています」

「シーラ？　それがこの部屋の名前なんですか？」

「シーラは我々が彼女を評価しているかどうか知りたがっています」

どう答えていいか途方に暮れた。

「ここで我々のイベントを開く許可を訊ねる必要があります」彼は言った。「だから私はいま、許してもらえるかどうか訊いています」

「彼女は何と？」訊ねながら、間抜けな質問だなと思った。

「いいと言っています」

「ああ、それはよかった」ほっとした。いまさらキャンセルしたところで支払った部屋の前金は返ってこない。

彼は理由を話し始めた。「以前、ある講堂で講演を行ったときのことです。私は椅子に向かって話しかけてみました。『誰か欠席者はいませんか？　私が面倒を見てあげなければならない困っている人がこの中にいますか？』。椅子の一つが言いました。『ほら、私の上に座っている男性。前のセミナーのときに経済的な問題を抱えていた人です。いま、私は死んだみたいな気分です！』。そこで私はその問題を清めました。するとその椅子がすっと背筋を伸ばすのが見えました。そして聞こえたのです。『ＯＫ！　じゃ、次の男性の面倒も見てあげましょう！』」

今度は椅子に話しかけただって？

私はどうにか心を開いたままにして、この異常なプロセスの話に耳を傾けた。

「実際に行おうとしているのは部屋に教えることです。部屋に対して、その中にあるすべてにこう言います。『〈ホ・オポノポノ〉のやり方を学びたくありませんか？　要するに、私はまもなくここからいなくなります。あなた自身でできればいいと思いませんか？』。イエスと言うものもいれば、ノーと言うものもいます。『そんな気力はない！』と言うものもいます」

思い出した。古代文明の多くは物が皆、すべてが生きていると考えていた。

その著書“Clearing”（清澄《せいちょう》）で、ジム・パスファインダー・ユーイングは、場所にはたいていエナジーが張り付いていると述べている。

部屋や椅子が感情を持っていると考えても特におかしくはない。確かに幻覚めいた考え方ではあろうが、物理学に則《のっと》れば我々が均質だと認めているものを創ったのは他ならぬエナジーであり、ならば部屋や椅子に語りかけるのも、そのエナジーを何らかの新しい澄んだ形に再構築する方法なのかもしれないではないか。

しかし、椅子や部屋は語り返すのだろうか。

そのときの私はまだ納得していなかった。


ヒューレン博士は窓の向こうの都会の風景を眺めていた。巨大な建物群、州都、地平線が、私の目には美しく映っていた。

しかし、ヒューレン博士にはそうではなかった。

「墓石が見えます」彼が言った。「この街は死者だらけです」

私は窓の向こうに目をやった。墓石などどこにも見えない。死者もしかり。もう一度街を眺めた。きっとまた、ヒューレン博士は一瞬ごとに脳の裏表を駆使して比喩《ひゆ》として構造物を見、見たままに述べているのだろう。私にはままならない。ただ、目を見開いて立ちすくんでいるだけだ。

私たちはおよそ三十分、ホテルのその部屋にいた。私に言える限りでは、ヒューレン博士は歩き回って部屋を清め、許しを請い、シーラを愛し、清めて清めて清め尽くしていた。

ふと、彼は電話を一本かけた。相手に彼がいまいる場所を伝え、説明し、〝彼女〟についての印象を促した。そして、自分自身の印象について確信を抱いたようだった。彼が電話を切り、私たちはテーブルに着いて話をした。

「友人が言うには、この部屋は私たちがこの部屋を愛している限りここでディナーをさせてくれるそうです」彼が言った。

「どうやって愛するのですか？」

「ただ『I love you.』と言うのです」彼が答える。


ばかげている。部屋に対して「I love you.」と言うだって？　それでも私はベストを尽くした。すでに教えられていたように、「I love you.」の効果を感じる必要はなく、ただそう言えばいい。だから、そうすればいい。何度か言えば感じ始めるのだ。


数分間の沈黙の後、ヒューレン博士は再び語り始めた。

「私たちが個別に持っている記憶や霊感は、人類から鉱物、植物、動物の王国に至るまですべてに対して直に全幅《ぜんぷく》の影響力を行使します。一つの記憶が当人の潜在意識下にある神格によってゼロに転化されると、すべての潜在意識下においてもゼロへの転化が行われます。すべてがです」


そこで彼は一呼吸入れた。

「つまり、ジョーゼフ、あなたの魂の中で一瞬ごとに起こる物事は、同じ瞬間にすべての魂の中でも起きているのです。なんとすばらしいことでしょうか。しかし、さらにすばらしいのは、あなたが神聖なる創造主に懇願することによって、これらあなたの潜在意識下にある記憶をゼロに〝キャンセル〟し、それらをあなたとすべての魂の中で、神格の思考、行為、行動と取り替えることができるということなのです」

私には答えるすべもない。

できることはただ一つ、「I love you.」と念じるだけだった。

神なるものとのディナー

Eating with the Devine

最新の〈ホ・オポノポノ〉、悔悛と許しと変質のプロセスは、有毒なエナジーを空にし、そのセルフと置き換えるためのＬｏｖｅへの請願なのです。Ｌｏｖｅはこれを、心の澱《よど》みを取り除き、スピリチュアルな心、超意識から始めることによって達成します。すると、それは知的マインド、意識にも流れをもたらし、その思考するエナジーを解放します。最後に、それは感情的マインド、潜在意識に流れ込み、有毒な感情による思考を空にしてセルフで埋め尽くすのです。

――イハレアカラ・ヒューレン博士

七〇名以上の人々がヒューレン博士と私のプライベートディナーにやってきた。この並外れた導師がそれほどの関心を惹きつけるとは思ってもみなかった。彼らはアラスカ、ニューヨークなどからはるばるオースティンに飛んできた。どうして彼らがやってきたのか、私にはさっぱりわからなかった。好奇心？　私の本（"The Attractor Factor"など）のファンだから？　私同様に〝次なるステップ〟を求めて?

何と言うべきなのかわからなかった。どこから始めていいのかわからない。ヒューレン博士は、見たところ心地好さそうに〝流れ〟に身を任せている。テーブルの一つに着いて食事をしている彼の言葉の一言一句に、誰もが釘付けになっていた。私の友人、シンディー・キャッシュマンの体験談をご紹介しよう。


それは二〇〇六年二月二十五日のことである。私はヒューレン博士の講演を聴きにオースティンの繁華街へ行った。ディナーでは彼の隣の席に着いた。彼のメッセージとは、一〇〇パーセント責任を負うことだ。そして私はいくつかの強力なエナジー転移を目撃することになった。同じテーブルのある女性が、喘息《ぜんそく》の発作で入院した病院に見舞いに来ない男性について悪口を言い続けていたところ、ヒューレン博士はしばらくしてこう言ったのだ。

「あなたのことだけを考えていたところ、あなたはもっと水を飲むと喘息が治まるという声が聞こえました」

すると、彼女のエナジーは即座に非難から感謝に転移したのだ。それを目撃した私はひどく興奮した。なぜなら私は「この女性は非難がましい」と内心見下していたし、非難がましい人とはとても付き合っていられないと思っていたからだ。ヒューレン博士がやったことは、ネガティブなエナジーを取り出し、それをそっくり愛のあるポジティブなエナジーに変換することだった。

次に、私は自分で持ち込んだ水のボトルを取り出した。そして、ホテルの水を指差してヒューレン博士に言った。

「この水はちっとも美味しくないですわ!」

すると博士は私にこう言ったのだ。「あなたはいまなさったことにお気づきですか?」

そう言われた私はすぐに気がついた。私はたったいま、ネガティブな気をその水に送ったのだと。うわー! またしても私は自分のやっていたことの意味に気づいてありがたく思った。

彼は始終自らを清らかにしているのだそうだ。つまり、例の女性が男を非難しているとき、ヒューレン博士は自分自身に問いかけていた。

「彼女に対して怒りがこみ上げてきたとき、私の中で何が起こっているんだろうか。どうやったら私は一〇〇パーセント責任を負えるのだろうか」

彼は天上の神格にエナジーを送って言う。

「ありがとう——I love you.——ごめんなさい」

すると神格からお告げがやってくる。

「彼女にもっと水を飲むように言いなさい」

彼はまたこんなことも言った。「私は清める方法を知っています。だから彼女は必要なものを手にし、私も必要なものを手にするのです」

彼が神に語りかけると、神は〝彼ら〟に語りかける。自身が澄んでいると、神が〝彼ら〟を見ているように誰もが見えてくる。

そこで訊ねてみた。私も神に会う約束を取り付けられるだろうか。すると彼は「いいえ」と言った。「神格は、あなたがすでに内なる知識を持っていると言っています」

それを聞いて私は天にも昇る心地だった。

私がその夜に学んだメッセージをまとめると次のようになる。

1 ヒューレン博士がどのように件《くだん》の婦人の不服エナジーを感謝のそれに変換したかを目の当たりにしたこと。

2 私がその女性と水をどう品定めしたかがわかったこと。

3 彼の自らを清めるシステムを理解し、それが私たち全員に効果を及ぼすほど強力なことが納得できたこと。

4 「Thank you.」と「I love you.」をより頻繁に言うことを肝に銘じたこと。

ディナーの開会に当たって、私は、精神を病んだ患者たちを病棟ごと治癒した謎のセラピストを知るに及んだ経緯についてしかるべく話をした。全員の注目が集まる中、ヒューレン博士と私がソクラテスとプラトンよろしく（もっとも、私はプラトンというよりも〝プレイ・ドー〟に近い気分だったが）公開対談を行った後、参加者から質問を受け付けることになった。〔訳注：「プレイ・ドー」は子供向け合成粘土の商標で、プラトンの英語名「プレイトー」のだじゃれになっている〕

ヒューレン博士は開口一番こう述べた。「人々はときに『信念云々については？』とか『感情はどうなるのか？』『その種のこととは？』などとお訊ねになります。私はそういう質問に答えるつもりはない。『どうして』云々のナンセンスなど相手にしません。それでも皆さんが訊こうとされるのであれば、私も何とかしなくてはならない！　しかしそれは、背伸びしすぎたあげく、何かいけないものに触れて火傷《やけど》をするも同じことで、あっという間にお手上げになってしまう。だから、あらかじめ申し上げておきます。私はもうその手のことには一切関わりを持たないことにしました。

それはちょうど、私がこの部屋に入る前と同じです——この部屋は神聖です——入る前に私は次のように部屋に語りかけます。まず、名前を訊きました。この部屋には名前があるからです。次に『入ってもいいですか？』と訊ねました。部屋は「いいですよ、どうぞ」と言いました。では、もし部屋が『いいえ、あなたには、その——言葉は悪いですが——うんざりです』と言ったらどうするか。私は自分を振り返って為すべきことをする。すると、私はあの医師たちにまつわる古い文句『汝を癒すべし』という声を聞きながら入る。すなわち、私は少なくともその時点では癒され、問題とは無縁の状態にいたいと肝に銘じるのです」

そこで私は彼を遮《さえぎ》って、参加者全員のために趣旨の説明を行った。ヒューレン博士とは何者で、私たちはなぜここに集まっているのかを、全員に知っておいてもらいたかった。この集まりは自発的なものであり、特にルールもないのだから、皆にリラックスして気を楽に持つよう進言した。ヒューレン博士が何を述べ何をするかは誰にも予測がつかない。

彼は全員に向かって、なぜ乳ガンに罹《かか》る人がいるのかと訊ねた。誰一人答えられなかった。彼にもわからない。彼の指摘によると、瞬間ごとに辺りを漂っている何十万、何百万もの情報の断片のうち、我々が一度に気づくのはたかだか二〇個足らずにすぎない。彼には不変のテーマではあっても、それこそが我々には計り知れない彼のメッセージの本質だった。

「科学では私たちの暮らしに起ころうとしている物事を正確には割り出せません」と彼は説明を始めた。「数学もゼロがあるゆえに不確かです。結局は、チャールズ・サイフェの著書“Zero : The Biography of a Dangerous Idea”(『異端の数ゼロ/数学・物理学が恐れるもっとも危険な概念』早川書房刊)で著者が結論付けているように、『科学者たちは皆、宇宙が無から生まれ、いずれはその元いた無に帰すことを知っている。森羅万象はゼロとともに始まり終わる』のです」

ヒューレン博士は続けた。「だから、私は私の心の森羅万象をゼロに戻しました。データは何もありません。聞こえるのは異なる種類の表現形式、空《くう》、無、純粋です。皆さんがどう呼ぼうとかまいません。私の心はいま、ゼロに戻っています。何が起ころうと、それに私が気がついていない場合でさえ、私がお話しするプロセスは、不変に絶えずゼロにすること。それで私の心がゼロにあり続けられるのです」

ほとんどの人がヒューレン博士に釘付けになっているのがわかったが、私を含む何人かは未だ闇の中にいた。しかし、ヒューレン博士の話は続く。

「それはどういうことかと言えば、心がゼロにあるときにのみ創造が行われ、それが『霊感』と呼ばれるものだということです。ハワイ語ではこの霊感を『Ｈａ』と呼びます。

つまり、Ｈａｗａｉｉの『Ｈａ』は霊感を意味しているのです。『ｗａｉ』は水、『ｉ』は神です。つまり、ハワイとは『神の息と水』のことなのです。ハワイという言葉そのものが清めのプロセスであり、よって私はどこにいようと、例えばまさにこの部屋に入る前に、確認します。『これは何だ？ よくわからないが清める必要があるのか？ 何かが起きているようだが、それはいったい何なのか？』と。いわば、『ハワイ』と呼ばれる清めのプロセスを適用することによって、私は気がついてさえいないことのデータを得、そしてゼロに帰るのです。

ゼロにあるときのみ……そして認識すべき何かが心にあるときにのみ、一度に二人の支配者に仕えることができます。それら、心の中で起きていることか霊感のいずれかに奉仕する。この、もう一つのものを記憶と呼びます」

ますますもって面白い。ヒューレン博士はさらに踏み込んでいった。

「神聖なる知性とはこの霊感のすべてが宿り来る場所であり、それは皆さんの中にあるのです！ どこか別の場所にあるのではない。どこにも行く必要はない。探しに行く必要はないのです。すでに皆さんの中にあるのだから！ さて、次なるレベルは超意識と呼ばれるものです。極めてシンプルです。ハワイではこれを『Aumakua《アウマクア》』と呼びます。『Au』は『時空を超えて』という意味、『makua』は『精霊』もしくは『神』。つまりは『時間も境界もないあなたの一部』という意味なのです。その〝一部〟は何が起きているかを正確に知っています。

次に、皆さんは意識する心を持っている。ハワイではこれを『Uhane《ウハネ》』と呼んでいます。さらに、潜在意識。ハワイでは『Unihipili《ウニヒピリ》』です。

となると、知っておくべき最も大切なことは『私は誰？』と問うことだということになります。そう、私たちが言おうとしていること——私が皆さんと共有しようとしていること——は、皆さんのアイデンティティーがこれら心の要素で出来ているということなのです。大切なのは、この心は空っぽだということです！ この心はゼロなのです。では、あなたは誰なのか？ あなたは神聖なる生き物――すなわち、ゼロです。では、どうしてゼロになろうとすべきなのか？　あなたがたがゼロだと、すべてが手に入るからです。すべてです。それは、あなたがたが神格のイメージに創造されているということです。このことをはっきりとさせておきたい。なぜなら、私には聞こえるからです。私は、皆さんにこそ神格によって清められてほしいのです。

皆さんは神格のイメージ通りに創造された。つまり、皆さんは片面だけのコインとして創造され、無限の存在です。ゴミを捨てて空っぽになる意志を固めるや否や、瞬く間に霊感があなたを満たし、あなたがたは勝利を手にするでしょう。勝利を手にしたと知る必要すらない。なぜなら、あなたがたはほとんど知ろうとしないからです。『ここはどこだ？　どこにいるんだ？　私は清められたばかりだ！　さあ、ここがどこなのか教えてくれ。もっと努力するから』。あなたがたはほとんど知ろうともしない！

知能の高い人が考えすぎてしまう罠《わな》にはまると、もうどうしようもない。ハワイではそのことを『Kukai Pa'a』といいます。どなたか『クカイ・パー』の意味をご存知の方はいらっしゃいますか？　それは、知的便秘――失礼――という意味なのです」

参加者の一人が質問した。「しかし、もし私が他人から咎《とが》められた場合、正さなくてはならないのは私であって、相手のほうではないとおっしゃるのですか？」

「あなたが誰かに咎められたとしたら、それはその人との問題ではありません」ヒューレン博士ははっきりと言った。「それは、あなたに反応しようとしてやってくる記憶なのです。記憶が咎めるのです。その相手の人が、ではありません。

そういえば、私は夫や妻に嫌気が差している人々と仕事をしたことがあります。いつぞやの女性はこう言いました。『ニューヨークに行こうと思うの。もっといいチャンスがあるはずよ』。その時私は神格の声を聞いたのです。『彼女がどこへ行こうと、それは彼女について回るだけだ！』」


ヒューレン博士は次に、誰かがセラピーの会合について問い合わせてきた場合、彼は電話をかけた当人ではなく彼自身を見つめるのだという話を始めた。

「例えば、つい最近、九十二歳になる女性の娘さんから電話をいただきました。彼女が言うには『私の母はこの数週間、ひどいお尻の痛みで悩んでいます』とのことでした。彼女の話を聞きながら、私は神格にこんな質問を投げかけていたのです。『いったい、私の中に何が起きていてこの女性に苦痛を生じさせているのでしょうか』。そしてさらに問いかけました。『その問題を私の中で正すにはどうすればいいのでしょうか』。答えが返ってきました。私は言われるままに実行しました。

一週間ほど経ってからだったでしょうか、女性が電話をかけてきて言いました。『母の具合がずいぶん良くなりました！』。これは、問題が再発しないという意味ではありません。なぜなら、複合的な原因からまったく同じ問題が生じることも多々あるからです。それでも私は努力し続けました。もちろん、彼女にではなく私にです」

別の参加者から海外の戦争について質問が飛んだ。それに彼も責任があるのかどうか知りたいと言う。というよりは、ヒューレン博士がそれに関して何をするのかを知りたい、と。

「もちろん、私自身の責任だと考えます！」ヒューレン博士はためらいもなく言った。「私は毎日清めを行います。ですが、私が清めを行っていると言ってはいけないし、それをわかってほしいと言うこともできない。神だけが、起こり得ることを知っているのです。それでも私は自分にできることをします。それが清めを行うことです。例えば病院です。ハワイにはもはや、殺人を犯した人々のための精神病院はありません。とにかく、ないのです！　私は私にできる限りのことをしてきました。たぶん、清めれば清めるだけ、もっと良い結果が生まれたに違いありません。私も人間です。できる限りのことをするしかありません」

ヒューレン博士に疲れの影が見える。そろそろお開きにしたいらしい。参加者たちには、きっと目からウロコが落ちる体験だったろう。

ところが、ことはその宵《よい》だけに終わらなかったのだ。

翌朝、私は、ヒューレン博士、エリザベス・マッコール（"The Tao of Horses" の著者）ら数名と朝食をともにしていた。ヒューレン博士の近くにいると、私は心が落ち着くのだ。ひょっとしたら、ゼロ状態を感じるからかもしれない。そうでないかもしれない。神のみぞ知る。

そんなとき、ふとひらめいた。週末にセミナーを開こう、そしてそれを「顕現《けんげん》の週末」と名付けよう。このアイディアがどこからやってきたのかはわからない。少なくとも、そのときは見当もつかなかった。いま、私はそれが神格からの霊感だとわかる。しかし、その朝食をとっている間の私は、いいアイディアだが実現はむずかしいと考えていた。

忙しかった。山積するプロジェクト、旅行、プロモーション、フィットネス・コンテストなど。〝やること《to-do item》〟を追加する余裕はなかった。だから、例のひらめきに抵抗しようとした。大人しくしていれば、いつの間にか忘れるだろうと思っていた。

しかし、そうはならなかった。三日経ってもそれは私の頭の中に居座っていた。ヒューレン博士は、何度かクリーニングしてもまだアイディアが消えない場合はすぐに行動すべしと言った。そこで私は、生涯で最も情けない乱文のEメールを書いて、データベースにある連絡先に片っ端から送った。驚いたことに、送信後三分で一人から登録申し込みの電話が来た。この女性はきっと、私からの送信を期待してずっとコンピューターの前に座っていたに違いなかった。

申し込みは着々と増えていった。当初は二五名限定で考えていた。私なりの判断で、要するに、私には二五〇〇人の前で話すよりその程度が分相応だと思っていたからにすぎない。だいいち、その手のセミナーはそれまで一度も開いたことはなかった。実際、要領がわからなかった。

ヒューレン博士に例の霊感のことと私の懸念を漏らしてみると、「私にできるアドバイスは、何も準備しないことです」と言われた。

「でも私は準備するのが習慣なんです。話す内容を書いて、どこを強調すべきかを練り上げ、パンフレットまで作るんです。話がどこまで進んでいるかわかっていないとどうも落ち着かなくて」

「あなたを見守ってくれる神格を信じればきっと落ち着きます」彼は譲らない。「私たちでこれを清めましょう」

彼の意味するところはわかっていた。なぜなら、問題は彼の体験領域に入っていたからだ。要は、彼もこの計画について清める必要があったということなのだった。そう、すべては共有される。人の体験は自分の体験なのであり、その逆もまたしかり。問題は、それに気づいているかどうかだ。

私は最善を尽くして〝準備しないよう〟努めた。それでも、一時は不安に負けて、全員に配るマニュアルを作ってしまったほどだ。しかし、私はそれを使うこともなければ、読み返すことすらしなかった。そして、誰もそんなことを気にかけなかった。

開会に当たって私はこう述べた。「この会をどうするつもりなのか、私は何も考えていません」

全員が笑った。

「いいえ、本当なんです。どう言えばいいのかもわからない」

また、全員がはじけた。

そこで私は続けた。ヒューレン博士のこと、〈ホ・オポノポノ〉のこと、「あなたの現実はあなたが創る」という声明の意味が殊《こと》の外《ほか》深いことを。

「あなたの人生に嫌いな人がいるとしたら」私は話し始めた。「それはあなたが創り出したことなのです。あなた自身があなたの現実を創るのだとしたら、それらを創ったのもあなたなのです」

すばらしい週末になった。たったいまでさえ、あのセミナーに参加した全員の集合写真を見ると、私たちが共有した愛をしみじみと感じるほどだ。この写真をご覧になりたい方は、www.BeyondManifestation.com にアクセスされたい。

しかし、私にとってそれは単なる始まりにすぎなかった。

学ぶべきことはまだ山ほどあった。

証言
The Evidence

あなたの光を発現させたければ、
あなたは闇を行かねばならない。

——デビー・フォード "The Dark Side of the Light Chasers"

多くの人々が、あのディナー会と「顕現の週末」修養会から飛躍的な成功を手にしている。本章ではその事実のいくつかをご紹介することによって、〈ホ・オポノポノ〉プロセスのパワーを実感していただきたいと思う。

まずは、ルイス・グリーンからの手紙——。

親愛なるジョー

改めて、ヒューレン博士との夕べを実現させていただいたことにお礼を申し上げます。また、私のためにわざわざハイアットから菜食ディナーを取り寄せるなど、細かな気配りをしていただいたスザンヌにも感謝しております。あなたとネリッサと同じテーブルに着くことができ、他の方々同様、お二人と知り合えたことは本当に楽しい体験でした。

最前列の席をご用意くださり、ヒューレン博士のお話を間近に聴くことができて、その優雅で寛大なお人柄でもって私のつたない質問にお答えいただき、助言をいただいた光栄は忘れません。

あの夕べから二週間経った頃、私の身の回りにたくさんの驚くべき体験が巡ってまいりましたので、是非お耳に入れさせていただければ幸いです。忘れてはならないのは、ヒューレン博士が神格よりの清めで私に力を下さったことであり、そのおかげで、ときたまではあっても覚えている限り〈ホ・オポノポノ〉を応用する努力をしながら、私は彼の祈りの恩恵を受けていることなのです。

1　録音を聴いた直後、私はヒューレン博士のことについて教えてほしいという要請を受けた。

お伝えすべき最初の体験とは、スザンヌからのEメールです。ヒューレン博士について、ならびにあの夕べの感想を聞かせてほしいということでした。私は『失われた生き方マニュアル』を購入し、あなたとヒューレン博士の対談をMP3にダウンロードしました。改めてその録音を聴き終わったまさにそのとき、私は受信箱にスザンヌのメールを見つけたのです。

2　私の訴訟が公表もしないうちに全国的な話題になった。

二番目の体験には恐れ入るばかりです。私は二月二十三日にオースティンへ旅立つ以前から、ある新規の訴訟書類を申請する必要に迫られていました。それがどうにも締め切りまでにまとめ切れないまま、やっと翌日（二月二十四日）の朝にオースティンの郵便局で投函したのですが、不可解なことにその封書は郵送中にどこかに紛れ込んでしまい、ようやく宛先に届いたのはなんと三月六日の月曜日だったのです。

私は全米をカバーするリストサーヴに属する民事訴訟弁護士ですが、先週金曜の午後、コネティカット州の女性弁護士からオクラホマ州カネイディアン郡で申請されたある訴訟の要約が届き、もしかしてそれはタルサの私の同僚が申請したものではないかと言うのです。私はもう少しで卒倒しそうになりました。それこそ、私自身の例の事案だったからです。私は彼女に返信メールを送ってから、電話をかけてそれがどこで見つかったのかを訊ねました。そうしてから、グーグルと一時間首っ引きで、何か起きていないか探してみました。成果はなし。

すると、彼女から返信のメールがあり、そこには彼女が〈コートハウス・ニューズサービス（www.courthousenews.com）〉というオンラインサービスの会員であり、そこの通信員（ないしは〝情報屋〟）が全米を網羅して法律関連の問題や所信をモニターしていて、重要かつ意義深い記事やとにかく興味をそそる進展についての報告を書いているとしたためられていました。当のウェブサイトにアクセスしてみると、トップページの右コラムに、以下のような段落なしの概要が掲載されていました。

［ユーコン・シヴォレー社とフィフス・サードバンク社が、オクラホマ州カネイディアン郡裁判所において詐欺罪で訴えられた。精神に障害を持つ原告の男性によると、ユーコン社の「スクラッチくじ」に当選して同社を訪れた際、五時間にわたって高圧的なセールストークを聞かされ、新たにトラック一台を購入するように強要された。被告側は彼を翌日まで拘束したという］

本件について私は一切公表したことはありませんでした。皮肉にも、当日、依頼人の父親が私のオフィスを訪れ、私は裁判に勝てると心底信じていると確約したばかりだったのです。連日数千件を数える事案があふれている中から、私の一件がニュースに取り上げられるとは、まさに天にも昇る心地でした。

3　ぎりぎり直前に手配したディナーに、記録的な数の参加者が殺到した。

私は地元の菜食主義者グループの委員を務めています。通常、この月例ミーティングは第二土曜日に開かれるのですが、この三月のミーティング会場をグループ代表に確かめてみたところ、まったく手配が行われていないことが判明したのです。

そこで、会場探しを買って出ることにした私は、二月二十八日火曜日、トップ候補に選んだレストランにかけ合ってみたのですが、オーナーの女性が三月三日金曜日まで不在中だとわかったのです。店員は彼女が戻り次第私に電話するよう伝えると言ってくれましたが、それでは間に合いそうにない。

翌三月一日の水曜日、私はほんの数カ月前にオープンしたばかりのタイ料理レストランに行ってみました。支配人に、菜食ディナービュッフェをお願いしたい、人数は確定していないが、これまでの経験から二〇人程度から多くて三〇人強でかたいだろう、と申し出たのです。彼はできると言い、ただし、料理が余ったり、もし一人も集まらなかった場合の保証として一〇〇ドルを申し受けたいと言いました。メニューを訊いてみると、これがとんでもなく安い。菜食スシ、スープ、前菜四種、デザートとティーがついて、一人当たり八ドル。支配人はオーナーに確かめると述べ、私は保証金の手配を約束しました。双方確認は翌二日。

私は早速短い告知文を書き上げました。詳細は代表のニューズレターを参照の上、参加の旨を返信いただくこと、ディナー開催は来る三月十一日土曜日、申し込み締め切りは三月九日午後五時。

通常、我々の代表は月の初日前後二日間以内に月例ニューズレターを発信することになっています。ほとんどの会員がEメールで受信し、一部郵送で処理されます。

また、地元の健康食品店や図書館でも告知を行います。今回、代表にニューズレターを書く時間がなかったため、三月五日の日曜日の夜までに私が書いた告知Eメールを送信し終え、郵送のほうは翌月曜日にハガキを送ることで処理せざるを得ませんでした。公の告知はなし。そんなこんなで、私は二〇人も集まれば御《おん》の字だと思っていたのです。

月曜日、招待の返事が届き始めました。二名から申し込みがあり、火曜日にはさらに二名。この調子では保証金の範囲ぎりぎりの一三名だろうなと予測していました。ところが、水曜日になって参加承諾の返事がかつてない勢いで舞い込んできたのです。結局、その日の終わりには総勢三七名を数えるまでになっていました。

これは別の意味での問題が起きそうだと慌てた私は、支配人に電話してレストランのキャパはどのくらいかと訊ねました。返事は六五名。申し込みの波は木曜日になっても収まることを知らず、結局、締め切りの時点で五五名に達していたのです。

その日の私は仕事がほとんど手につかない状態でした。色めき立って数分ごとにメールチェックにかまけていたからです。支配人に電話してこの人数でも問題ないかと訊ねると、彼は言いました。「もちろん」

木曜日の午後にはカバラ［訳注：ユダヤの神秘主義］の講義があって、家に帰ったのは夜の九時を回っていました。それから電話とメールをチェックしてみると、予約はさらに増えていました。

都合六七名。さて、超過人数分をどうしたらいいのか。そこでひらめいたのです。申し込みが遅かった人々に頭を下げて、少し遅れて会場に来てもらえばいいのではないか。はたして金曜と土曜にも申し込みは続き、最終的には驚きの七五名！　盛況でした！　予約した中の数人が現れなかった一方で、予約なしの参加者（よくあることです）も数名いました。レストラン内の熱気はしびれるほどで、用意した席が満杯になったのは本当に久しぶりのことです。また、タイ料理ビュッフェが初体験の人々にも大好評を博し、かれこれ十年以上前になる創設期以来の古顔たちは、オクラホマの菜食主義者イベント始まって以来の記録的参加者数だと興奮していました。用意した席数もあっと驚く完璧さでした。ディナーだけのためにやってきてさっさと土曜日の他の楽しみに移動する人々もいて、遅れて来た人々が席を見つけられないこともまったくありませんでした。こんな大人数の客を迎えたことがないレストラン側もいたく喜んでいました。

4　レンタカーの奇蹟

オースティンにはレンタカーで行きました。できるだけ懐《ふところ》を痛めたくなかったからです。効率も考えると、一週間借りるほうが水曜から月曜まで借りるより得なこともわかりました。車もオンラインで手頃な料金の中型を探すことにしました。コンパクトカーよりもずっと運転が楽だと考えたからです。ところが、いざレンタカー会社を訪れてみると、希望に当てはまる車が非常に限られていることがわかったのです。ふと、オレンジ色のシヴォレーHHRが二台あるのに気づきました。見た目にとてもクールで〝ストリート・ロッド〟［訳注：強力にチューンアップされた古い型の車］です。カウンターに行ってみると、中型車は用意できないとのこと。そこで、あのHHRではどうかと訊くと、OKだがなぜか同社では大型車扱いなんだとか。

それでも私は、オレンジ色のクラシックカーでオースティンにドライブするかっこよさに抗し切れなかった。オレンジが、私の出身校テキサス大のスクールカラーの一つだったこともありました。

ところが、その車を借りてオフィスに戻ろうとしてまもなく、外見は小奇麗なその車の中身がお粗末なことに気づいたのです。レンタカー店に戻ろうと思いましたが、一刻も早くオフィスに戻る必要があったうえに、いくつか片付けねばならない用事もあった。当日中には戻せない。とりあえずレンタカー店に連絡してもっと普通のセダンと交換したいと頼むと、その種の車も現在空きがないと言われ、翌日の朝に改めて幸運を期待するしかありませんでした。

徹夜で荷造りをして朝が来ました。スーツケースをHHRに放り込もうとしたそのときです。後部ドアに、はっきりとわかるヘコミがあるじゃありませんか。余計な保険条項は断るのが私の主義。昨日のうちにそんなヘコミを見た記憶はない。騙されたと思いました。しかたがない、このまま一週間この車にしがみついて善後策を考えよう。こうして私は予定よりもずっと遅く、とある木曜日の午後十二時半頃に出発し、その日の夕方六時半、オースティンに到着しました。

取り急ぎ土曜日の夕方五時に時計を進めます。あなたとヒューレン博士のセミナーが行われるハイアットに赴く一時間前。私はずっと例のヘコミのことが気にかかっていて、途方に暮れていました。オースティン北部のショッピングセンターで使いやすいデジタルカメラを探したのに見つからない。車に戻ってホテルに引き返そうとすると、急に薄暗くなって雨がしとしと降ってきた。渋滞に合流する手前で一時停止したとき、突然ドシンと衝撃が。なんと、おかまを掘られたのです。真っ先に思いました。なんてことなの、あのヘコミの次はこれか。ディナーまでもう一時間もない。

参加費はもう払ってしまっているし、シャワーを浴びて着替える時間も要る。それなのにこの渋滞、しかも土曜日の夕方。私はレンタカー会社の登録資料をつかんでＨＨＲを降りました。相手の車の運転手は黒人の若者でした。「タイヤのせいだ」

彼が言いました。「タイヤがいかれてて、ブレーキが利かなかったんだ」。弁護士相手によく言うわねと思いました。「困ったわ、こいつはレンタカーなのよ！」。二人してＨＨＲの後部に回ってダメージの度合いを調べました。驚きました。「ダメージなんてどこにもないぞ」

彼が言いました。「何ともない。おい、助かったぜ！」

自分の目で確かめても信じられませんでした。彼の言う通りだったのです。どうやら、衝撃吸収プラスティックでできていた車らしいのです。それでも男に文句の一つもぶつけてやりたかったのですが、こんなことにいつまでもかまけてぐずぐずしている暇はありません。一刻も早くホテルに帰らねば。というわけで、彼とは握手をしてその場で別れました。かくして私はディナーに間に合い、あなたとネリッサのテーブルに着くことができたというわけです。

ドアのヘコミの処置については真剣に〈ホ・オポノポノ〉を実践してみました。まず、時間超過料金なしで車を返還する二時間前まで何もしないでおきました。それから電話帳を開いてヘコミを塗装抜きで修理する店を見つけました。店に行くと、修理代査定の約九五ドルはともかく、修理に二時間はかかると言われてしまいました。

それではレンタカー会社に超過料金を払わなければならなくなります。うまくない。自問しました。返ってきた答えは明白でした。正直になりなさい。レンタカー会社の支店に電話をしてありのままに打ち明けなさい。もし無理な修理代を押し付けられても、推定額はわかっています。電話をすると、勝手に修理に出さないでそのまま持ってくるように言われました。記録の確認をする、ヘコミ状態の審査も任せてくれ、と。「わかりました」と答え、車をその支店まで運転して行って所定の位置に停めました。バーコードスキャンをしてデータをチェックし始めた顧客サービス係の女性に事情を話すと、事務所に行くよう言われました。そこに、先ほど電話で話した男性がいて、彼がコンピューターに車のデータを打ち込みました。奇蹟その二。ダメージはすでに記録済みだったのです。私に落ち度はなかった。ハレルヤ！

私は〝無傷〟で帰途につきました。

5　妹の夢が叶う

あなたやヒューレン博士との夕べを過ごしてから一週間後に、妹から電話がありました。妹は誰でもよく知っている大会社のある部署で副部長を務めています。

そんな彼女に某ヘッドハンターから連絡があり、これこれの仕事に興味はないかと声がかかったのです。それは、彼女に言わせればずっと憧れていた仕事でした。

彼女は電話では詳細を語らず、代わりにEメールでその仕事のあらましを送ってきたのですが、私は思わず目を疑いました。もうお察しのことと思います。超一流会社の名前がそこに書かれていたのです。二カ月後、彼女は正式に雇用されました！

＊　＊　＊

次なるお便りは――。

二〇〇六年十月のランドマーク・フォーラム・三日間セミナーにおいて、まさしくジョーのショートカット・ヒーリングは私のあふれる涙を止めてくれました。どうにも止まらない涙があふれ出したのは、『人々とともに』とか何とか呼ばれる訓練の最中でした。『人々とともに』で、セミナーリーダーは七四名を四グループに分け、それぞれを一列に並ばせました。そして、一列ずつ一斉に振り返り、口も利かずお互いの顔を見つめ合わせました。私が入ったのは第三列です。

セミナーリーダーが第一列にステージに上がって観客席に向かって立つよう命じました。彼らは観客席に座っている私たちを見下ろす格好になりました。次に、第二列が呼ばれてステージに上がり、第一列と約三〇センチ離れて向かい合い、三分間じっとお互いに目を合わせていました。それから第二列はステージを降りるように言われ、観客席に戻りました。再び、ステージ上に残った第一列は観客席を眺め、私たちも彼らを見つめました。

私たちの列がステージに上がる時間が迫るにつれて、私のストレスはいや増していきました。なぜだかわかりません。手のひらに汗がにじみ、じっと座っていられない心地でした。やることと言えば簡単きわまりないことなのに。私は初対面の人に対しても、友人と同じように相手の目を見ながら話せる自信があります。できなかったことは一度もありません。いまさらこんなに動揺することもないのに。

そのときふと、ランドマーク・セミナーに初めて参加したときのことを思い出したのです。フォーラムのリーダーが、二十年以上前、いまとまったく同じ訓練を初めて体験したとき、膝が震えてどうしようもなかったと述べたのでした。それは、セミナーのアシスタントが自分の上着を彼の膝にかけて音を静めねばならないほどだったそうです。

その話が蘇ってきて、私はもうここから辞去しようかと考えました。こんな訓練を続ける義理はない、私はすでに人の目を見る度胸はあるんだから！　しかし、退席が許されないことは知っていました。私は席に着いたまま、汗ばみ、そわそわしているだけでした。

とうとう、私たちの列がステージ上に誘われる番が回ってきました。大丈夫、私は五〇人の目を見つめるわけじゃない、たった一人だけでいいんだ！　私たちが所定の位置に立つと、セミナーリーダーが三分間の〝自己発見〟について語り始めました。すると、ものの十秒も経たないうちに、涙があふれて止まらなくなったのです。

わけがわかりませんでした。パートナーの目を見るたびに、ただすすり泣く始末です。声がしました。「第三列、どうぞ左から順に降りてください」。私はパートナーに「ありがとう」と言ってその場を離れました。

いったい、私はどうしてしまったのでしょうか。言われたように内なる声に耳を澄ましてみても何も聞こえません。打ちのめされて——言葉も出ない。得たものなど何もないじゃない！ こんな訓練、いったい何になるの？ 混乱し、当惑した私は、目の前で続けられている訓練をぼんやり見ながら考え込むだけでした。「第三列の皆さん、起立して右からステージにお上がりください」。あぁ、またなの、もう嫌！ 私は心の中で叫んでいました。

私の列が改めて観客席の人々と向かい合っています。今度は三分間を耐え抜きました。もっとも、見ている人々から目をそらしたおかげです。すると、第四列がステージに上がるよう命じられ、新しいパートナーが私の目の前にやってきました。

顔と顔の距離はわずかに三〇センチ。それは優しそうな年配の女性で、はにかんだ笑顔を私に投げかけてきました。「大丈夫、今度こそしっかりやってみせる」。私は自分にそう言い聞かせました。ところが、訓練が始まるとまた涙があふれて止まらなくなってしまいました。パートナーの目を見つめるたびに、涙がこみ上げてくるのです。私は思わず目を背《そむ》けました。相手の女性は、そのうち何もかもうまくいきますよと言いながら、そっと慰めようとします。説明のつかない涙の洪水に、私は恥ずかしくてどうしていいか途方に暮れるばかり。セミナーリーダーは全員に向かって、頭の中にあるもの——自分自身に向けて言ったことに耳を澄ますようにと言っていましたが、そんな私の声など一切聞こえてこない。

そのとき、ふと私は気がついたのです。自分の思考に耳を澄ます代わりに、思考で頭の中を埋めたらいいいんじゃないか。どのみち、私の内なる声は何も語りかけてこないのだから。そうしてみました。実際よりも良いことを頭に思い浮かべたのです。私はすぐさまパートナーをもう一度見つめて心の中で唱えました。「Thank you. I love you. Thank you. Thank you. I'm sorry. I love you. Thank you.」すると、みるみる心地よくなってきて、目の前の女性への感謝といとおしさで胸がいっぱいになったのです。気分がぐんと良くなって涙も止まりました。彼女を見つめても、もう涙はあふれてこない。

すると、驚いたことに、パートナーのほうが泣き出したのです。涙が彼女の頰《ほお》を伝い落ち、頭をかすかに前後に揺すって囁《ささや》く彼女の声が聞こえました。「今度はあなたが私を泣かせるのね」。私はひたすら彼女に思いを送り続けました。「Thank you. I love you. I'm sorry. Please forgive me. Thank you……」。それから彼女はステージから降りるよう促され、私は再び、私と私の列を見定めようとしている五〇名の人々の目にさらされながら立ちすくんでいました。ただし、今回の私は心に完全な平穏を携えて、私を見ている人々を見ることができたのです。事実、私は狙いを定めていました。私を見つめている人だけを見つめたのです。気分爽快でした！　見知らぬ人々といても何ともない！　私はその一人ひとりを愛し、心から彼らに感謝しました。

しばらくして訓練は終了し、セミナーは続きました。それから短い休憩時間がありました。最後のパートナーだったあの優しい女性が私を見つけ、私たちはお互いの体験について語り合いました。私は自分が人見知りする性質なのにそのことに気づいていなかったと言うと、彼女は私たち二人には縁があったのだと思うと言いました。

そして、このセミナーのおかげで他人からの愛を受け容れるのに難があったことに気づかされたと。そう、私は明らかに、私たちがステージ上で一緒になったときに使ったヒーリングテクニックを、彼女と共有していたのです。彼女が泣き出しました。私たちは抱き合い、それぞれの休憩を続けるために別れました。

ネリッサ・オーデン
TheVideoQueen.com

＊　　＊　　＊

今年に入ってまもなく、我が社の従業員の一人が分を超えた額のセールスコミッションを取っていることが判明しました。これは、私と私のささやかなビジネスにとって数百ドルの損失に該当しますが、彼女は責任を取ることを一切拒否しました。

働き者の彼女ですが、私たちの小さな町では我が社と同等の給与を稼げる仕事はまずありません。彼女には憐れみを感じましたが、同時にひどく憤り、傷つきました。

それからの数日間は、特定の仕事に関する問題を除いて一切彼女と口を利くことができず、彼女の顔すらろくに見られませんでした。途方に暮れていました。そこで、ジョーに救いを求めたのです。それからのことはいまもって信じられません。私が連絡したことに感謝してくれたジョーは、エナジーを清める特殊な段階的方法を教えてくれました。何よりもまず私が理解する必要があったのは、この事態を招いたのは私だということでした――言うは易《やす》くですが、プロセスには欠かせない基本です。

次に、私は私自身と例の従業員と問題の周囲にあるエナジーを許さねばならない。

さらに、事態がどのようになってほしいのかについて新たな意志を携《たずさ》え、ヒューレン博士のヒーリングワード「I'm sorry. Please forgive me. And I love you.」を繰り返し唱えること。結果は驚くべきものでした。プロセスを完遂した後、私は次のような便りをジョーに送りました。

親愛なるジョー

あなたの指導がずばり功を奏しました。読んでからウィンバリーからわざわざオースティンに車を走らせて、あなたの言う通りの手順を追わねばならなかったとしても。今回の一件を私が引き起こしたと納得するにはかなり時間がかかりましたが、私は私自身を許し、従業員を許し、それにまつわるエナジーを許しました。まっさらな意志を持ち、驚異のハワイアン・ヒーリングメソッドを何度も何度も繰り返したのです。オースティンに到着する頃には、私の胸と胃の中に山ほどあった重石《おもし》が取れたような心地でした。

ジョーの指導に従った後、エナジーは完全に私の中から取り除かれました。憤りも痛みもどこかへ消え去っていたのです。本当に信じられない思いでした。いま、例の従業員との仕事環境は至極良好です。スザンヌさん、もしこのシステムが本当に効くのかどうか訝《いぶか》っている人がいるなら、私は心から請け合いますよ！

ヴィクトリア・シェイファー
ペダル・ランチ出版社経営
テキサス州ウィンバリー

＊　＊　＊

続いて、ルイジアナ州シュリーヴポート在デニーズ・キロンスキーよりの感謝状――

これは、二〇〇六年十月に私が実際に見た、これこそが〈ホ・オポノポノ〉の世界だとぴったりくる夢の話です。

それは刑務所のない世界でした。〈ホ・オポノポノ〉のおかげでそんなものは必要なかったからです。そこでは、ヒューレン博士とジョーと私自身、その他の実践者たちが共有する〈ホ・オポノポノ〉の飾らないメッセージが、プログラムとセミナーを介して世界中に届いていました。そのプログラムは特に子供たちに対して自分自身を愛すること、そしてその過程でお互いを愛することを教えていました。

私自身、夢の中で、何千人ものセミナー参加者に教えていたのです。その中で私が彼らを鼓舞していたのは、本当の自分は誰なのか、神聖なる存在とは何なのか、そしてそうなるために何をすべきかを忘れないこと――つまり、彼らの本来の姿とは愛することなのだということでした。

夢の中で私は、ある若いギャング団の一員がもう一人の若いギャングの頭に銃を向けて

「撃つぞ」と脅しているシーンを見ました。脅されているほうの若者は私のセミナーに参加したばかりでした。彼はしきりに奇蹟のことばかり話して彼の属する団に奇蹟が起こらないかと願っていました。しかし、仲間たちは彼の話にうんざりするばかりだったのです！

　そのセミナーで、彼は自分の本来の姿を思い出しました。仲間たちにもその啓示を共有させようとしたところ、そのメッセージがあまりにもシンプルで簡単すぎたために、かつがれていると思った彼らが逆上してしまったようです。

　セミナーに再びやってきたこの若者は、いきなりステージに上がって私の腹のあたりを銃で撃ちました。床に倒れ、体から血と生命が流れ出ていくのを感じながら、私は彼をそばに引き寄せて抱き締め、耳元に囁きかけたのです。「Please forgive me. I love you.」。そして私は彼の胸の中で息絶えました。ありったけの愛で彼を包み込んだまま。その瞬間、若者はメッセージを受け取ったのです。私の遺体を抱きすくめたまま、彼はむせび泣きながら私に囁きかけました。「Please forgive me. I love you.」。その瞬間、生命が私の体に蘇り、私たち二人を満たす輝くばかりの黄金の光に、聴衆全員のみならずはるか数マイル果ての人々までもが、私たち二人の醸《かも》し出した愛を感じ取ったのです。

　その愛のエナジーは、人々に触れ伝わっていくうちにさらに大きく力強くなり、どこまでもどこまでも広がっていきました。ただし、誰もがそれを感じる意志を持っていたわけではありませんでした。例の銃を構えていた若者――彼は先に私を撃った若者の実の兄弟でした

──は頑としてその愛に気づくこと、受け止めることを拒否したのです。そこで、救われたほうの若者が彼に言いました。「Please forgive me. I love you.」。そして、彼を抱き締め、あたかも彼自身の内なる闇の部分をすべて愛し、抱きとめるがごとく、愛を伝えたのです。

そして、奇蹟は起こったのです！　二人はまばゆいばかりの愛のエナジーに包まれ、さしもの拒んでいた若者も次第にその愛に気づき、受け止めるに至ったのです。

その証に彼は兄弟に言いました。「Please forgive me. I love you, brother. Please forgive me.」

それからどうなったと思います？

二人を包む美しく輝く愛のエナジー、その黄金色のオーラの球がどんどん大きくなっていったのです。それは部屋を満たし、ギャング団の全メンバーにも触れて──つまり、彼らもその愛に気づいて受け容れたのです──なおも成長し続けると、外の通りにまであふれ出してどこまでも広がっていきました。そしてついに、この黄金色の愛のエナジーははるか彼方にまで旅した結果、この地球全体が愛に包まれることになったのです。

これこそが黄金時代、愛の時代。まさに〈ホ・オポノポノ〉の恩恵あってのもの。私たちの真の姿、本来のあり方が愛するためにあるということ。私たちは誰もがただただ愛されたいのです。

すばらしい夢だと思われませんか？　〈ホ・オポノポノ〉の物語はすばらしい映画になる

ことでしょう。思わず"Pay It Forward"〔訳注：邦題『ペイ・フォワード　可能の王国』／ケヴィン・スペイシー、ジョン・ボン・ジョヴィらが出演〕とそれが世界中に残した感動を思い出しました。世界は〈ホ・オポノポノ〉を求めています。

＊　＊　＊

ジョー・ヴィターリの記念すべき第一回マニフェステイション・ウィークエンドより帰宅してからの七日間に起こった奇蹟の数々には枚挙に暇《いとま》がありません。スポンジさながらに、すべてのエナジー、レッスン、メッセージにどっぷりと浸り切った私に、まさに稲妻のようなスピードで数々の成果が顕現《マニフエスト》し続けたのです。

そのいくつかを具体的に挙げましょう。新しいクライアントがどっと押し寄せてきました。新しい契約の話がどこからともなく舞い込んできたのです。無数の共同ベンチャービジネスからも誘いがかかるようになりました。仕事の選択肢が（これを書いている時点で）以前に比べて三倍以上に増えたのです。賓客《ひんきやく》としての招待もいくつか受けています。まさに青天の霹靂《へきれき》に等しい勢いであふれ出した霊的状況には、ついていくだけで精一杯です。

思えば、たった三カ月前の私はこの業界で無名に等しかった。それが、何ものにも強いられることなく、求めもせず、さしたる努力すらしないままに、以上の出来事が巡ってきたのです。文字通り、あっさりと、苦もなく、あれよあれよと、私のもとに流れ込んできたのです。いまや私は、何かひらめいたらすぐさま行動に移すようにしています。そして、実りある結果に粛然として心を奪われるばかりです。

以来、私は盛んに〈ホ・オポノポノ〉の〝消去メソッド〟を使って、私のビジネスが指数関数的に成長する様子を楽しんでいます。常日頃繰り返しホワイトボードをクリーンに、クリーンに清めながら、次に自分はいったい何を創り出すのだろうかと、待ちきれない思いです。

ありがとう、ジョー、ヒューレン博士！

永遠なる感謝を
エイミー・スコット・グラント
http://thesuccessmethod.com
http://newsuccess.org

＊　＊　＊

以下はジョイス・マッキーから。

昨年中、私は新たな役割を自らに任じました。それまでの私は一介の管理人でした。私の母はもう何年も前に住み慣れた家を離れ、私たち娘の住んでいる近くに居を移しています。その理由の一部には私たちの人生を見直すという試みがあったのですが、それからしばらくして、長年岩のように頑健だった我が母上が、鬱血性心不全《うつけつせいしんふぜん》と初期の肺ガンを患《わずら》ってしまったのです。母はまさに、絶妙のタイミングで娘たちと余生を送る決断をしたのです。ただ、母は齢《よわい》八十八歳にして、もはやガン治療に及ばずとの決意を固めました。医師たちの話では、残された時間はそう長くないとのことでした。

去る五月、私はジョー・ヴィターリのビヨンド・マニフェステイション・ウィークエンドに参加し、ヒューレン博士とその実践的〈ホ・オポノポノ〉を学びました。大変に刺激的でした。精神を病んだ犯罪者たちを、彼自身を清めることで治癒させたという驚くべき話は、私の心をいたく揺さぶったのです。

求める学生がいるところに教師をつかわすとは、宇宙とはなんと恵み深いのでしょうか。タイミングは完璧でした。そのときに投げかけた私の主な質問は「死に行く運命にある母に、日々いかに手を差し伸べればいいのか」でした。

心の底から身を差し出し、森羅万象に向けて私には自分の人生と母のそれとに一〇〇パーセントの責任があると認めようと心掛けた私は、学んだことを実践しました。内に向かい、絶えず清めることに心を砕いたのです。

母と私に生じたその効果たるや、シンプルにしてこのうえなくすばらしいものでした。母はまさに、澄み切った心で、苦痛もなく、末期《まつご》の日まで自身の世話をまっとうしたのです。そう、若干の病状急変もあって、そのときはホスピスから薬剤を取り寄せねばならないこともありましたが、家で安静にしながら乗り切ることができ、緊急入院などは必要なかったのです。それらは、いわば変転の訓練のようなもので、いずれ母があの世に旅立つ末期の瞬間について、母と私に心の準備をさせてくれたのだと思っています。

最大の恩恵は、母が〝時間外に〟生き続けられたことでした。予想をはるかに超えて生きたのです。毎朝目を覚ますたびに、母は驚きながらも嬉しそうに私にこう呼びかけたのです。「ねぇ知ってる？　また一日もらったわよ！」。私たちはすべからく慈《いつく》しみの言葉を交わしながら、気の向くままに一緒に時を過ごしました。心からのゆとりをもって〝変転のとき〟を待つことができたのです。おかげで、私は母が私たちのもとを去っていく経緯にまったく恐れを感じないで過ごせました。母はそのときがいつかを知り、私も知っていました。その、心が引き裂かれそうな緊張の瞬間がついに巡ってきたとき、私たちは神の慈悲に触れ、恐れはありませんでした。あぁ、なんというお恵みでしょうか！

〈ホ・オポノポノ〉の実践と祈りは、私の人生に対するアプローチを変えました。自ら体験し、未だ心にあふれる力の手応えの、なんというすばらしさ。自分の人生のみならず、他人のそれに対しても能動的になれるという自分を知ったことで、私は絶えず、その一瞬ごとに、神の力の源泉を探そうとしています。

＊　　＊　　＊

二〇〇六年五月のマニフェステイション・ウィークエンドに参加した当時、私は大石油企業との一二〇万ドルの契約が交渉途中で失敗に終わった痛みに、経済的にも感情的にも落ち込んでいました。その裏には、当石油企業内部のさまざまな問題が絡んでいたようです。

まっすぐに帰宅してからの数日間、私はひたすら唱えました。「I love you. I'm sorry. Please forgive me. Thank you.」。帰宅後の二日間、体調を崩してクシャミと咳《せき》が止まりませんでした。体の解放が始まっているのだと思いました。

しばらくして、あるマーケティングのプロと話をする機会があり、その会話の最中、体調と石油企業との関わり全体に対する概念に明らかな変化を感じていました。

その人はさらりと私にこう訊ねたのです。「いままでに君がクライアントの現場作業軽減に手を貸してもらった代価は、年間総額で最高いくらだった？」

私が六〇万ドルだと答えると彼はこう言いました。「これはこれはウェンディー、それだけもらってれば御の字じゃないか。そんな額を要求できる人がどれだけいると思ってるんだ？」。その瞬間、私は悪いことの代わりに良いことに目を向けられるようになったのです。

一二〇万ドルの報酬が消えたことよりも、受け取った六〇万ドルの価値を吟味する余裕ができたのです。

ポジティブな面に集中すれば意欲も湧くことを思い出した私は、嘘のように晴れやかになれました。光が差してきて、自分の中で起きたばかりの何か畏れ多い大きなものに、私は抱かれていました。それはまるで、私を包み込んだ光が周囲の物理的なものを跳び越えて広がっていくような心地でした。

この二年間、例の企業の人々がしたことに犠牲になっていたと憤慨していた私が、一瞬後に彼らに感謝していたなんて！

それからまもなく、私の左脚が痛みを訴えました。なぜだかさっぱり見当がつかず、ありとあらゆることを試してみました。マッサージ、ストレッチ、ホットバス。

漢方医にかけ合ってみたところ、医師は私の体を〝読んで〟こう言いました。「あなたはずっと大変なストレスにさらされていたようだ。痛みは胆嚢経絡《たんのうけいらく》、つまり、怒りの経絡に関連するものだ」。エナジーが滞っていて、それが痛みを生じさせるのだ、と。そして、滞った怒り（のエナジー）を解放する四つの処方をもらった結果、痛みは消えたのです。

私の体は例の石油企業に対する怒りで凝り固まっていた。そして、私が考え方を変えたときから、それは私の体から出ていこうとしていた――それが単に詰まっていただけだった！

それから何カ月も経った頃、私との契約を破棄するよう命じられた担当社員が、新たに別の人物を傷つけるのを拒否して辞職しました。その部署は空中分解し、私が関与していた業務は別の部署に引き継がれることになりました。

一方、エナジー浄化法のおかげで、私は書きかけの電子ブックを上梓《じょうし》し、新たに自前のウェブサイト、www.getinsideyourcomfortzone.com を立ち上げました。

コンピューターワークの苦痛から逃れる方法をマスに紹介するのは、私の長年の夢でした。そしていま、私は（現時点で）三つの著名なウェブサイト上で、人間工学の専門家として読者の疑問に答え、電子ブックやサービス、プログラム開発の普及に努めております。

手頃な規模の企業からも声がかかり、社員たちに痛みから逃れる方法を教えるコンサルティングも行っております。すべて短期の契約ばかりですから、しきりに訪れる新たな霊感を展開する時間はたっぷりございます。

加えて、私は現在、www.theuniversallawofattraction.com で、許認可済みの戦略的〝誘引術〟のコーチとして、『誘引の法則』を教えております。

あのイベントからまもなく私に巡ってきた進展は、紛れもなく〈ホ・オポノポノ〉あってのものです。〈ホ・オポノポノ〉こそ、古きを清め新しきに場所を空けるに最適の方法です。それ以外に説明のしようがありません。

ウェンディー・ヤング

＊　＊　＊

おせっかいな私がクライアントの要請に応える際の最大の障害の一つが、劇的状況《ドラマ》だ。ジェイムズ・レドフィールドの〝The Celestine Prophecy〟（神々しき予言）は、〝ドラマをコントロールする〟コンセプトを次のように定義している。

「我々が直面しているのは、いかにして他者をコントロールするかである。思い出すに〝第四の洞察力〟によれば、人は常にエナジー不足を感じていて人々の間に流れるエナジーを得るためにお互いをコントロールしようと模索している」

このコンセプトをより干渉主義的なモデルに具体化することこそ、クライアントが目的や結果にうつつを抜かしているケースにおいて私が得意とする直観的テクニックなのだ。

〈ホ・オポノポノ〉を初めて私に紹介してくれたのはジョー・ヴィターリだが、その時点の彼はまだよくわかっていない節があった。私には私なりに、ドラマもしくはドラマをコントロールする上でのコンセプトがあり、おせっかいなゆえに単に理解するだけでなく、クライアントが各人の才覚をフルに活用するよう仕向けるための調和《バランス》を図る道具を必要としている。

「ゼロに立ち返ること」は、ヴィターリ博士が私をヒューレン博士の世界に誘うまで、完全には把握し切れないでいたバランサーだった。西側世界、特に合衆国において、我々の主文化およびそれが敷衍《ふえん》するメッセージは、すべからく我々を我々自身から我々が暮らしている異常な消費社会における見かけ倒しの即物的満足へと追い立てている。「ゼロより60へ」は、消費にどっぷりと依存する世界の情緒的行動を定義するキャッチフレーズとして、およそ完璧ではあり得なかった。

〈ホ・オポノポノ〉が私に理解を促してくれたものとは、「60よりゼロへ」に移ることによる癒しと真の充足であった。あまりにも多くの形而上《けいじじょう》構造物が〝分離〟思考を孕《はら》んでいるが、私にとってそれが完全もしくは完璧なコンセプトだったことはついぞなかった。折に触れて、完璧な分離を打ち立てようとすることなど愚かとしか思えなかったのだ。それがいま、「ゼロに立ち返る」があればこそ、私は真に分離の動力とその達成法を会得している。

コロラド川を見下ろすハイアットの最上階でジョーのインタヴューに答えるヒューレン博士に会うという幸運に恵まれてからのおよそ十カ月間、私と私の家族の中で変質したものは数多い。両親と義理の両親の全員の行動様式が、突如として多大な転換を遂げ、彼らの夢がグランドスケールで形になっていったのを知ったのだ。

義理の両親は引退後の住まいとして五〇万ドルの新居を購入したが、それは私の知る限り最も温和で過ごしやすい一帯にある（ジョーの住まいにも程近い）。肉体的・精神的障害を乗り越えた母は、現在再婚を前提とした老いらくの恋に生き生きとしている。私は私で、ある分野において降って湧いた収入の流れを手にすることになったが、それは持てる力を注いで自己啓発した結果でも何でもなかった。七十二歳にして未だ若々しい父はついに所得の鎖を断ち切り、六週間ごとにヒューストンからアラスカのプルドー・ベイ（世界で五番目の最北の町）に通うようになった。

旧友の一人は一念発起して悠々自適の住み慣れた土地を捨て、オースティンに移り住んで企業を起こし、まったく異なるパラダイムを営んでいる。義理の兄はとうとう彼の生地に引っ越し、義理の妹とその夫は田舎を出て念願の都会生活を始めた。

今年高校に上がったばかりの、私が名付け親になった姪は、すでにプライムタイムのＴＶ番組に出演し、学園祭の女王候補にノミネートされている。その母親は人生始まって以来の〝儲かる〟ビジネスチャンスをオファーされたばかりだ。以上のすべてが、私が初めて〈ホ・オポノポノ〉についての話を聴いた二〇〇六年二月以来もたらされた結実である。それまでの十七年間、重苦しくて退屈な日々を送ってきた私の周囲の生活が、突如として彩り豊かで面白おかしい体験に満たされているのである。

人生はくせになる。ならば私は良き人生のくせを手に入れ始めているのだ。

私はどこからどう見ても〈ホ・オポノポノ〉の達人ではない。まだまだ知らないことも多く、以上の実体験がどこから導かれたのかも予測できていない。ほんの数カ月前のヒューレン博士のプレゼンテーションを通して、〈ホ・オポノポノ〉の世界を教えてくれたヴィタ一リ博士に心から感謝するだけだ。たとえそれが、美しい妻に恵まれた私の個人的人生から発したものであろうが、それとも私のビジネスライフであろうが、ゼロ状態、一〇〇パーセントの責任感、弁明、許しに至る作業は、私の人生に強力なインパクトをもたらした強力な選択だった。

ありがとう、ジョー、ありがとう、ヒューレン博士。

ブルース・バーンズ

www.YourOwnBestGood.com

＊　＊　＊

親愛なるジョー

オースティンにヒューレン博士をお連れいただいたことに心から御礼申し上げる次第です。すばらしいプログラムでした。おかげさまで人生に対して新しい目が開かれ、森羅万象の法則がいかに我々の健康と幸福を司っているのかがわかりました。

その効果をしばらく敷衍させていただくことをお許しください。

はじめに申し上げておきたいのは、私が〈ホ・オポノポノ〉訓練の達人でも何でもないことです。ですから、もし私が無用に私たちが共有しているものを解釈しすぎていたとしたらお許しください。以下は、あのたった一夜限りの体験の後、私が携えてきた嘘偽りない感想なのです。

ヒューレン博士のお話はこのうえなく私の心に触れるものでした——ゼロに至るアートとでもいいましょうか。私には、それが〈ホ・オポノポノ〉の核心であるように思えます。長年にわたって武道家、気功術師を任じてきた身には、この清めと心を空にする（ゼロに至る）能力こそ、人類の知る最も偉大な贈り物の一つに違いないと思えるのです。

ヒューレン博士が私たちに喚起されたのは、開かれ、私たちの内なる反応を浄化し、そしてゼロに至る状態に生きる大切さでした。その人生観に全幅の同意を覚えた私は、この地上で私が愛するに至った真実を共有する人々に出会うことのすばらしさに身震いしました。

気功術およびその鍛錬（内的な武道エナジーエクササイズ）には、私たちの体の内なるエナジーを循環させ、呼吸する非常に特殊な方法があります。古《いにしえ》の武道の達人たちが発見したのは以下の通りです。人間の体内に普遍の法則があること、人間が循環様式で内的エナジーを動かす法を学べば、ハイレベルで躍動する健康と深甚《しんじん》に高揚する意識を創造できること。

このプロセスについては、よく小宇宙軌道を引き合いに出して語られます。

（原理的に言えば、人は息を吸うたびに生命の躍動エナジーを体の奥深く下腹部に取り込みます。

続いて、そのエナジーを脊柱《せきちゅう》を伝って最後には体の前面辺りに戻すのです。この循環プロセスが人のエナジーボディーの中に小宇宙軌道を創り出し、健康と意識を向上させることになります）ヒューレン博士が図形を使って〈ホ・オポノポノ〉を説明し、人々の間のコミュニケーションと意識は循環するように流れるのがベストだと述べられたとき、私は即座に小宇宙軌道との類似性に思い当たりました。事実、私がいままで決して実感したことのない宇宙の循環機能を理解できたことは、望外の喜びだったのです。

博士の描いた図形のおかげで、私はようやく合点《がてん》がいったのです。我々がいかに多くの時間を費やして、人々との関係を双方向的に、相接的につなぎ止めようとしているのかを。語り合い、議論、交渉、指差し、などなど――そして、それがすべからく同じ地平で語られてきたことについて。

しかしながら、私は悟ったのです。まったく異なる方向に目を向けることによって、我々は真に偉大な変化を手にし、他者とのつながりを極められるのだと。そして、その方向こそ「輪」だったのです。私はヒューレン博士の図形をこうとらえています。ひとえにゼロ――心の意識層の奥底――に向かうことによって、我々は我々が知覚するものへの反応とこだわりを捨てることができる。そこから超意識への上昇が始まり、ついには神聖なる認知の世界に足を踏み入れる。神格は、我々の澄みきって愛に満ちた意志を人々に向けて運び、基本的には彼らの心の裏側から忍び寄って、ふるいにかけられることのない純なつながりと関係を可能にする。

私に言えることは、それが何にも増して「効く」ということだけです。例えば、先週のビジネスの会合で、私はテーブルの反対側にいたある人物からいかにも不公平で身勝手な質問を受けました。内心怒りに硬直してしまった私でしたが、そのときあの図形と循環機能の効果を思い出し、あえて口論すまいと心に決めて聞き流すことができたのです。

私はまず、呼吸に意識を集中してゼロに向かいました。すると、体内で私の知覚が持ち上げられるのが感じられ（先に述べた気功エクササイズとよく似ています）、心持ちが急に変化したのです。もしそのときの感覚を言葉にするとしたら、こうです。

「あなたのお気持ちはよくわかります。険悪な態度を取ったことを許してください。あなたのお気持ちが鎮まり、我々双方の要望が叶えられるために、私はどうしたらいいでしょうか？」

それから起こったことは驚くべきものでした。我が友人（私はもはや彼を敵だとか脅威とは見なしていませんでした）の態度が徐々に、はるかにオープンで寛容なものに変わり、いかにも内心の葛藤《かっとう》に抗うのを止めたように見えたのです。それどころか、十五分も経たないうちに、私たちはそれまでのお互いのジレンマに対する解決策を見出しました。それは双方にとって完璧な解決策であり、私にとってはかつてそのような心理状態から決して導き出し得ない類のものだったのです。

数多《あまた》の生命の謎（神々しき予言）が解き明かされるにつれ、すべてのものはつながっていることが見えてきます。すべては森羅万象の法則より出《い》で、その一つが「輪」なのです。映画“The Secret”の中で、あなたは「森羅万象はスピードを好む」とおっしゃってましたね。是非、それにこう付け加えさせてください。「森羅万象は輪をも好む」と。生命は確かに、その輪が進もうとする方向を我々が知ったとき、はるかにゆっくりと流れるものです。

というわけで、改めてありがとう。ヒューレン博士が〈ホ・オポノポノ〉を語るに当たって用いた図形は、大変に参考になりました。図形でこのプロセスを理解することは、物事に対してゼロ状態から状況を解放しつつ対応するに際しての、最上の洞察力とすばらしい道具と呼ぶにふさわしい。

心から

ニック〝トリスタン〟トゥラスコット〝師〟

www.SenseiTristan.com

www.AllWaysZen.com

＊　　＊　　＊

五月のマニフェステイション・ウィークエンド以来、毎日私は「I love you, I'm sorry, forgive me, thank you.」と唱えています。

とりたてて簡単に目に見える、目録を作るほどに小躍りしてしまうような変化はありませんが、それは最近の私が満ち足りた暮らしを送っているからです。

もちろん、大きな富がもたらされれば嬉しい。クイーンズランドの娘たちやその家族、パリに住んでいる兄弟にいつでも会いに行けますし、夫を念願の旅に連れていってやれます。でも、そんなことはいま私が得たものに比べれば些細《ささい》な贈り物にすぎません。

目に見えない変化は信じられないほどです。「I'm sorry.」と唱えるたびに、私は何であろうとその瞬間の意識に芽生えるものに、心から責任があると感じます。

もはや、私と意見が異なる人々から距離を置くことは決してありません。

こんなに「つながっている」のだと実感するのは生まれて初めてです。

イラクで私がしていることを恥じています。電話が大嫌いな私が、イラクで私がしていることを、もし変えられるのならと、国中に電話をかけまくっているのです。

それで心が癒されるのです。

なぜなら、許されることを実感できるから。本当に感謝しています。

ディア・キャニオン・ロードの停電

証　言

遅い午後――突然の沈黙
電気のブーンと唸《うな》る音が消えて
人は人らしく心を通わせる
生きていることを鮮やかに感じる

どの部屋にも動力源はない
どの家にも
街のいたるところにも
救済のニュースはない

熱い風呂でくつろぎ
戸外でワインとチーズを囲んで
ささやき声で言葉を交わす
そして　星を仰ぎ見る

ディア・キャニオン・ロードの停電
カリフォルニアのアロヨ渓谷にて

常ならぬ享楽のひとときーーそはつまり
バッファローやバグダッドの停電にあらず

イーヴリン・コール
健全なる心を持つ作家
http://write-for-wealth.com

＊　＊　＊

ヒューレン博士とジョー・ヴィターリ博士から〈ホ・オポノポノ〉を学んだ後、私は自分のビジネスが絶えず浄化されていく様子に気づいています。浄化とゼロへの回帰が、ビジネスの進捗《しんちょく》をスムースにしているのです。絶えず清め、ゼロへ戻ること。

そうすることを教えてくれたのはヒューレン博士です。

同僚を引き連れてヒューレン博士とヴィターリ博士に会ったことで、私たち二人にあり余る共通点があることに気づかされました。それから八カ月、私たちは以前にも増して仲良くやっています。カギはウマの合う人々といること、そして許し、心を入れ替えること。ありがとう、ヒューレン博士、ヴィターリ博士。〈ホ・オポノポノ〉をより多くの人々にもたらしてくれたことに。そして、私に生涯愛する人との出会いを最高の機会に与えてくださったことに。

クリス〝幸福なる男〟スチュワート
www.TheProsperityGuy.com

＊　＊　＊

オースティンへの旅は、まさに何カ月にも及ぶ巡業の末のバカンス気分でした。ヒューストンを後にしたときは、天にも昇るようなツアーの達成感から二十四時間の休息を与えられた以上に嬉しかった。それは、ジョー・ヴィターリ博士の主催するディナープレゼンテーションが現に始まる前でさえ、私の現実が再編されること間違いなしの〝転機の一夜〟だったのです。

最後にイハレアカラ・ヒューレン博士の〈ホ・オポノポノ〉講演を聴いてからかなりの月日が経っていました。正確には一年と半年になります。ジョー・ヴィターリには初めてお目にかかりましたが、私が車で行ける距離のオースティンにイハレアカラを連れてきてくださって、イベントに参加できるよう取り計らってくださったことにとても感謝しています。

景色が変わり、オースティンに向かう車のウィンドウ越しに流れていくテキサスの小さな町々を見ながら、いつぞやの〈ホ・オポノポノ〉プレゼンテーションに思いを馳《は》せる私の胸に、忘れかけた記憶が蘇ってきました。真っ先に思い出すのは、初めてイハレアカラが話すのを聴いたときのことです。彼がハワイ語で「始まりの祈り」を読み上げたときは背筋がぞくぞくしたものでした。そうそう、初めて〈ホ・オポノポノ〉のトレーニングコースを取ったわずか二週間後に出版の話がまとまったことも思い出していました。もっとも、実際に私がやったことといえば、出版見本市に顔を出し、話をして名刺を置いてきただけ。するとその二日後、ある出版社が電話をよこして本の内容について教えてほしいと申し出てきたのです。その月の終わりには企画が通って契約を結ぶことができました。

さらに、オースティンまでの距離が縮まるにつれて脳裏に蘇ってきたのは、いまを去る六カ月前、モントリオールの獣医が我が愛猫マヤが腸管リンパ腫を患っているという悲しいニュースを運んできたときのことです。私がクリニックから引き取るまで彼女の命がもつかどうかさえ微妙な状況でした。マヤの退院に際しても、獣医は運が良くても彼女にお別れの言葉を告げるまでせいぜい二週間ぐらいだろうと考えていたのです。私はイハレアカラに連絡を取って救いを求めました。この掛け替えのない小さな生き物を私から奪い取ろうとしているのが何であろうと、彼の特別な浄化で清められないものだろうかと。いま、マヤが病気に罹ってから一年と三カ月。

彼女が天に召される日の心の準備をする以外、ろくにできることもなかった私ですが、未だにマヤは私のツアーに同行しています。

オースティンにてイハレアカラと再会することは、水中から水面に躍り出るような心地――いわば、私にとって〝社会復帰〟にも等しい体験でした。それでいて、それは、それまでの二十五年間を費やして仏教、ケルティック思想伝承、古の精神療法、夢判断（これには自信があります）、エナジーワーク、果ては魔術に至るまでのありとあらゆる探究の道を歩んできた私の人生を、がらりと変える最高に意義深い修行のただ中に、即没頭することでもあったのです。

かくてオースティンにたどり着いた私は、再び〈ホ・オポノポノ〉と真正面から向き合うことになりました。一つの哲学、一つの伝統、文字通りに〝記録〟を拭き清める実践、手順、終わりのない分析的活動――それこそ私がそれまで長年鋭意研鑽《けんさん》し続けてきたもの――すべてが、理解するため、私自身を規定するため、ここまで生きてきた人生を生きるための努力に他なりません。私は認めねばなりません。心のどこかで、〈ホ・オポノポノ〉に初めて出会う人々のただ中に飛び込んでは彼らに「私はすでに体験済みだ」と知らしめようとしている自分がいる一方で、清め、ナンセンス（記憶）を放逐し始めていた自分を。

あの夕べ、いましもヴィターリ博士がイハレアカラの紹介を始めんとした瞬間、雷鳴のごとく私を打ちすえた啓示に、私は着いていたテーブルから飛び上がって涙にむせびながらお手洗いに駆け込んだものでした。あのオースティンでの瞬間、広がる繁華街を見下ろす部屋の中で、〈ホ・オポノポノ〉は私の存在を包み込み、なぜかもはや巡業を続けたくないと思い知るほどに、私は一瞬の清澄《せいちょう》さの中にいました。

六週間後、猫のマヤと私は西へ行路を取り、トパンガ・キャニオンに新天地を見つけるべくロス・アンジェルズを目指しました。するとどうでしょう。私たちの到着を待っていたかのように、ある人が突然借りるのをやめることにしたという家に出会ったのです。

それから七カ月の時が過ぎ去りました。先週のことです。またしても重大な変化に直面して揺れ動いていた私に、イハレアカラの書いた一節が目に飛び込んできたのです。「目指すべき《ホームベース》はゼロ」。しかるべく私は清めを行い、私の知り得る別なる存在の迷いの淵から歩み去りました。いま、私は踏み外さずに済んだと振り返っています。

ありがとう。この、変化と啓示と反省を共有する機会にめぐり会えたことを。二月のオースティンに旅して出会った〈ホ・オポノポノ〉の力を。

POI
エリザベス・ケイ・マッコール

＊　＊　＊

このメソッドを学んで実践するまでの私の人生は、苦労の連続でした。夫は私や私の業務能力などまったく信用せず（実際、惨憺《さんたん》たるものでした）、もっと大きな夢や目標を追おうにも誰一人支えてくれそうにありませんでした。

ジョーと過ごした週末にこのメソッドを学んだ私は、そこで似たような目標を持っていた女性と知り合い、私たちは手を組んでベンチャービジネスを始めることになりました。このベンチャーが殊の外成功を収め、たった二カ月のうちに私の仕事ぶりは劇的に向上していました。私たちは次なるプロジェクトに取り掛かりました。

彼女と私はいまや、以前からの、いや、年来の親友のような関係にあります。最もすばらしく意義深い変化は、私のビジネスが始まる前に生じていました。夫との関係がわずか数週間のうちに改善されたのです。いつ何時《なんどき》でも不快なことを体験するたびに私はこのメソッドを使ってきました。

すると突然、夫が私の電子ブックを読み返しだして私に質問をし、彼自身も体験を共有し始めたのです。仕事にいままで以上に責任感を持ち、どことなく自分自身へのプライドと愛を一新した様子で、それが私たちの関係に生き生きとしたインパクトを与えているのです！

この先何があろうと、一日数分間このシンプルなメソッドを我が身に課す限り、私は自分自身に確固たる信頼と自信を持ち続けるでしょう。

ありがとう！

キャリー・キング
"The Red Hot Bedroom" の著者
〈Joyful Spaces〉の創始者

＊　＊　＊

ホ・オポノポノ、時を超えて立ち戻る

私は大の動物好きです。

並大抵じゃありません。

私が飼っている動物のみを気遣うのではなく——すべてを愛しています。

何年か前に友人の一人が〈動物救助サイト〉www.theanimalrescuesite.com の存在を教えてくれました。

このサイトにアクセスして〈飢えている動物に食物を〉ボタンをクリックすると、聖域《サンクチュアリ》にいる動物たちに餌を寄付することができるのです。クリック一つで〇・六ボウル分の餌に相当します。一日ワンクリックするだけでも大きな違いが出ます。過去五年間、私は一日も欠かさずこのサイトにアクセスしてきました。

ある土曜日の朝、私はEメールを整理しながらこの世界で自分が果たしている役割に有頂天でした——「飢えている動物に食物を」。そのときふと、サイトに一スポンサーから提供されている一枚の写真に気づいたのです。

それは、ある動物が檻《おり》の鉄棒を噛み千切ってでも逃げ出そうとしている姿を写したものでした。吐き気をもよおすような不気味さ——その美しいふわふわした毛皮さえが痛々しく見えるほどに。あまりのひどさに、私にはそれが何の動物なのかもわかりませんでした。クマ？　アライグマ？　本当に見分けがつかなかったのです。目を凝らすなんてとてもできなかった。恐怖にかられた私は、この世界には想像もつかない苦痛が存在すること、それに対して私にできることなどないに等しいことを思い知らされたのです。それでも、目を逸《そ》らしてはいけないんだ——そうしないとこの気分はとうてい晴れそうにない。

一刻も早く何かしなければ——その動物が私に呼びかけている声が聞こえるのです。お願い、目を覚まして、目を逸らさないで。恐る恐る近寄って見つめると、それが捕らえられたクマだとわかりました。何年もの間、檻に閉じ込められたクマ。

「クマたちは〝乳絞り〟を楽にするための理由で胴体よりもわずかに大きいだけの檻の中で

生かされる。胆管経由で肝臓によって分泌された後、胆嚢《たんのう》に蓄えられる胆汁は、クマの腹部から胆嚢に達する辺りに開いた傷口から搾り取られる。〝蛇口〟がわりにこの傷口に一本のチューブが差し込まれ、もしくは鋼鉄の棒を無理やり胆嚢に押し込むことによって、胆汁が受けたらいいに流れ出す。一匹のクマから一日に二度、一〇～二〇ミリリットルの胆汁が採取される。

WSPA（世界動物保護協会）の報告によると、この〝乳絞り〟の間、クマは悲しげにうめきながら檻に頭部を叩きつけ、自らの足に噛み付くのだという。死亡率は五〇～六〇パーセント。数年に及ぶ胆汁採取を終えたクマは、別の檻に移され、そこに放置されて餓死するか、足や胆嚢を取るために殺される。クマの足は珍味として珍重される。

(http://en.wikipedia.org/wiki/Bile_bear)〕

本当に吐き気がしてきて、この無神経な密猟者たちに対する怒りで私の膝はがくがく震え出しました。何とかして心を鎮め、侮辱や非難では人は変わらないことを自分に言い聞かせました。それも、ジョー博士やヒューレン博士のおかげです。〈ホ・オポノポノ〉という魔法を適用すれば、気分だってきっと落ち着くはずだと。

あのフレーズを復唱しました。「I love you. Please forgive me. I love you. Thank you.」。

何度も何度もこの〝マントラ〟を繰り返し唱えるうちに、私はクマ牧場主たちの心が愛と理解と憐れみで満たされる図が目に浮かんできたのです。私が送る〝声〟が彼らを通り抜け、彼ら自身の知覚に触れるうちに、〝ひらめきの瞬間〟が彼らに訪れるのが見えたのです。彼らの意識のレベルが向上し、責められるのは彼らの血にまみれた手ではなく彼ら自身だと気づいて、私はありったけの苦悶に膝を落とす彼らを思い浮かべました――神とクマたちに、この美しき生き物に与えた責め苦と受難の許しを請い、慈悲を求める彼らの姿を。そして、すべてのクマたちを解放し、薬と手当てと癒しを施し、そのときを待ち焦がれていたクマたちを自由にしてやる様子を。

クマの胆汁が何世紀にもわたって重用されてきた事実を知る人は多くありません（私も知りませんでした）。今日、それはワイン、シャンプー、薬に混ぜられて使用されています。この悲劇の背後にあるとてつもない重みも、いまこの瞬間を癒やす力には一切なり得ません――私の清めの仕事は時を超え、世代を超えて立ち戻ることにすべて費されています。癒されるべき何百年にも値する痛みがここにあるのです。

この体験は私の心をすっかり奪い取ってしまいました。その日、何時間もの間、私は他のことに集中できないまま、繰り返し続けました。「I love you. Please forgive me. I love you. Thank you.」

この地球的痛みの重さは、不可避にして否認し難いものでした。私は苦悩に消耗し尽くされていました。そして、嘆き悲しみました。まるで、あのクマたちを捕まえ、檻に閉じ込めたのが私自身だったかのように。

週に一度、私と夫は〝デート日〟を設けることに意義を見出しています。その日、夫からは映画を一緒に観に行かないかと誘われていました。苦悩に苛まれていた私はとてもそんな気分ではありませんでしたが、「悪いけどだめ。そんな気分じゃないの――クマたちのことが心配で」などと言ったところで無意味なことはわかっていたからです。

清めの仕事を心に留めながら、私は出かけることを承諾しました。ブルース・ウィリス主演の『16ブロック』でした。まさか、この映画のテーマが私がすでに体験しつつあったことと完璧につながっているなんて思いもしませんでした。映画で強調されていたメッセージこそ「人は変わることができる」だったのです。

映画の上映中、私はずっと〈ホ・オポノポノ〉を実践していました。あるシーンで、背景に映っているバスの車側広告にテディーベアの写真があるのに気づきました。そのクマの下に書かれていた言葉は「愛を送ろう」でした。

それはまさに〝白日夢〟であり、「やろうとしていることをやり続けなさい。あなたはいま正しい道を歩んでいる」というメッセージに違いありませんでした。宇宙はこうして私たちに語りかけてくるのでしょうか。きっとそうなのだと思います。

それはまた、私にとって新たな啓示でありました。クマ牧場主たちを変えるには私の怒りではなく私の愛が必要なのだと。愛は人を変える。この法則に例外は一切ない。危険で、醜く、虐待的な状況に送る愛こそが、真の癒しと終わりのない変化を求める私たちができる唯一のものです。必ずしも簡単なことではないけれど、答えは常にそこにあるのです。愛。

超常的覚醒が引いていき、日も暮れて、先ほど来の吐き気、不安、罪の意識、苦痛、そして悲しみも、どうやら収まり始めていました。それでも私は、その夜眠りに就くまで〈ホ・オポノポノ〉を続けました。

それからほんの数日後、たまたまテレビの前を通り過ぎたら、ニュースキャスターが最新のクマ救済問題について報じているのが聞こえました。心の奥底で、これは私に向けられたメッセージだと思いました――住んでいる場所を問わず、私たちは世界のどこかで起こっていることに何かできることがあるのだという証明に違いないのだと。そうです。たとえ、ポップコーンを頬張りながら映画を観ている最中でも。

ありがとう、ジョー・ヴィターリ博士、ヒューレン博士、そして、あなたたち以前に〈ホ・オポノポノ〉のメッセージを私たちの時代に運んできてくれた人々。おかげで私たちは目が覚め、私たちには世界を癒し、違いをもたらすパワーがあるのだと自覚を持てる。私たちの仕事はまだ始まったばかりです。

どうか、いつまでも忘れませんように。何ものも傷つけることなくすべてを愛しすべての人を愛し〈ホ・オポノポノ〉は時を超えて駆ける……

スザンヌ・バーンズ
www.ThankYouth.com

＊　＊　＊

一生続くかと思われた私の喘息治療の旅が終焉《しゅうえん》を迎えました……。

とある謎めいた宵、五十年間以上も悩まされ続けた喘息とアレルギー症状が、突然、魔法のように止まったのです。その日付こそ二〇〇六年二月二十五日でした。

当日の昼、オースティンの某レストランでゆったり〝テックスメックス〟ランチを楽しんでいたときに、その初感はやってきました。なんだこれはいったい？　とても不思議な感覚で、何かが起こっていていわゆる手当てを受けているような気持ちでした。寄せ来る愛に飲み込まれるような――そして私は再びランチに戻ったのです。

その宵、ホテルのミーティングルームの空気には、高ぶる興奮が漲《みなぎ》っていました。

説明のつかない脈打つような興奮。基調講演を終えたヒューレン博士が私と同じテーブルに着きました。食事の途中、私が口にした喘息体験を、彼は後の講話のタネに使いました。そう、私はハワイの心理療法モデル、フーナのことは聞いていましたが、彼が長々と説明したヒーリングと悔悛の方法論やヒーリングの核心にある哲学については初耳でした。ヒューレン博士は、このディナーに参加した一人ひとりについて、それぞれの名前を読み、透明性と〝同一性〟をもたらすことにより、清めを行うと言われました。具体的には各々のために愛を明示し、彼自身と彼の祖先の過去・現在にわたる意識的ないしは無意識的な悪行から、私たちと私たちの祖先のそれらまで、時と生命の始まりまでにも遡《さかのぼ》って、許しを請うのだと。ワオ！　それは大変な量だ――そうしてこそ、彼と私たちは全員、神格との真の関係に立ち戻れるのだと。

次の日、奇蹟は早速、ベールを脱いだのです。しばらくぶりで、かつ一度も自分から会おうとしなかった私の導師（ジョー・ヴィターリのプログラムで知り合った）とその夫人とランチをともにすることになっていました。当のレストランまで数ブロックのかなりの距離を歩く羽目になったのですが、その間、私はまったく吸入器の世話にならずに済んだのです。あり得ないことであり、それが最初の手掛かりでした。ご夫婦から私が車を駐車した場所からかなり距離があったはずだと指摘されたとき、私はたぶん喘息が治ったのだろうと言いましたが、確かにその通りの気分だったのです。

その日の夕べ、ヒューレン博士と夕食の席を囲む光栄に浴し、〈ホ・オポノポノ〉のヒーリングについて語り会った際、私はそのパワーが私の人生と喘息に果たした体験から、同じ問題を抱える他の人々も助けられそうな気がしてきました。彼はまた、食事の前に水を飲む大切さについて述べられ、それが毒素を流し落とすと同時に取り散らかった家庭のゴミも除去するのだと言われました。エヘン！

いやはや、以来、すべてが良くなる一方です。あれからもう六カ月近くになりますが、その後に罹った気管支炎も薬なしに克服できました。もはや、ゼイゼイあえぐこともなく、吸入器や喘息薬の類にお世話になることもありません。一時《いちどき》に猫、犬、鳥たちと何時間も家の中で過ごしても何ともない。肺は鐘のように澄み切って、深呼吸も思いのまま。こんなことは初めてです。ワオ！

ヒューレン博士、あなたはそれをヒーリングとは呼ばず、ご自身をヒーラーと呼ぶこともなく、森羅万象と私の魂のなせるわざとおっしゃるでしょう。ありがとう。

そして、ヒューレン博士とヒーリングマジックの夕べを共有させてくれたジョー・ヴィターリ博士にも！　ご恩は一生忘れません。

マーサ・スニー

www.translimits.com

そして、もう一件。

＊　　＊　　＊

アイリッシュマン、アロハを見つける

私が〈ホ・オポノポノ〉を使って自分探しの旅を始めてからかれこれ十年になります。この、ハワイ式問題解決プロセスに出会ったのは、アジアのヒーリング、武道、エナジーワークシステムの研究を続けて何年も経ってからのことでした。

啓蒙として理解されるべき事柄を探求するに当たってそれなりに辛い体験をしてきた私は、アイリッシュならばこそ常に〝プリン〟（結果と言葉の煙幕の対立を調べること）の証明を心掛けています。生まれ育ったマサチューセッツ州ボストンの南部（銃声と警察のサイレン音が都心部の鳥寄せ笛さながらに日常的な、アイリッシュ労働者層が住む界隈《かいわい》で、超保守的）では、宇宙の超自然的解釈が取り上げられるチャンスなどめったにありません。そこで、ある無料講演に参加したときに出会ったこのハワイ流・生命の理解をチェックする機会に飛びついたのでした。

非常に斬新なものでした。この種のシステムはたいていエナジーを活用して動かす類（チェスボード上で駒を動かすような）のものです。ところが、私自身の内の問題のある状況として顕在するネガティブな要因を消去する（つまり、チェスの駒をそっくり取り除く）という、〈ホ・オポノポノ〉の考え方には目からウロコが落ちる思いでした。そそられました。そう、控えめに言っても。コンセプトの多くが一気に脳裏を駆け巡りました。アイディアのすべてが私には斬新だったからです。しかし、講義が終わる頃には、そこに恩恵として与えられている二つの自然なツールがあるのだと考え、それらを可能な限り、その当日のマッサージ診療中に活用して、〝プリンの証明〟が食べることにあるのかどうかを検証してみたのです。

　過去、中国の医療マッサージ法の一つ『トゥイ・ナ』を身につけて繰り返すうちに、私の治療法に対する理解は微妙に変化を遂げてきています。これまでの私のやり方は、アジアに古くから伝わるエナジーと経絡の伝統に基づいて、患者の中の何が悪いのかを把握するというものでした。しかし、〈ホ・オポノポノ〉のツールを使っていくうちに、「どのようにして」と「なぜ」の理解が変化し、すなわち私がそれまで学んできたものとは相容れない事実に気がついたのです。実際に治療を施してみると、患者が訴えるものとは別の問題点が浮かび上がってくる！　確かに、患者たちもいろいろな問題がほぼその場で解決したような気がすると言うのです。はたして、私が智恵を総動員して、このハワイアン・アートのさらなる大きな可能性が紐解《ひもと》かれるのを確かめなければと思ったのは言うまでもありません。翌春、私はこのメソッドと実践法を真に身に付けるべく、フルトレーニングに参加しました。

ある日、以前の患者の一人から連絡がありました。便宜上、この女性をJと呼ぶことにします。臨床心理学者のJは、乖離性《かいりせい》同一性障害の疑いがある自分の患者の一人（F）が気になるので私に診てほしいと言うのです。Fは何度も自殺未遂を起こしながら、そのうち数回は自らの安全にこだわっていたとも。私はJに言いました。「さて、君に何か借りでもあったっけ？」。彼女は笑って言いました。「あなたなら彼女を救えるわ。お願い。さもないと彼女はどうにもならない」。私は承諾しました。電話を終える直前、JはFが一度マッサージセラピストに襲われたことがあると言いました。私は独りごちました。「本当に私は彼女を救えるのだろうか？」

その夜、家に帰ってしばらく座り込んでしまいました。いったいどうやってこの女性に変化をもたらせると言うんだ？　ひとしきり自省に沈んでいると、急に「ホ・オポノポノ！ホ・オポノポノ！」の〝調べ〟が、私の心の中で壊れたレコードのように奏でられ始めたのです。かくて私はいままで使ったことのないこのツールを試してみることにしました。Fには私の〝秘密〟を一切漏らさず、治療セッションの直前、途中、そしてずっと後まで、マラソン級の努力を注ぎ込みました。ミーティングの間、治療室はユーモアであふれ返り、私が清めを行うにつれて分厚い平穏の空気が漂っていました。詳細は省くとして、Fは完全に別人格に生まれ変わっていまや有意義な人生を悠々とハンドリングしています。彼女は歩く証明です。私たちは一〇〇パーセントの責任を負った。状況は確かに改善されたのです。

私のマッサージ法にも変化が起こって進化しました。もはや私は誰の体にも触れることはありません。最近の私ときたら、駆り立てられたように人生を謳歌《おうか》し、たまには行き過ぎもやらかしては、清めが次に何を運んでくるのか、わくわくし通しです。こんなに簡単なことだったのか？　いいや。それでも私は巡ってくるすべての状況の価値を正確に見極め、私自身を再確認させてくれた体験を吟味しています。

長年、『わたし《アイ》財団法人　自由なる宇宙』のヴォランティアを務めてきた私の視点はごくシンプルなものです。

物事は常に形を変えてやってくる。家族の問題、ストレス、意見、あるいは戦争。そして、それぞれの始まりの時に事実を受け容れるのは容易ではない。さあ、「なぜ私が？」と言う（罪深い反応を誘発する）代わりに、「私のせいだ」と（罪の意識無しに）言おう。そして、ツールを使ってさらりとやり過ごし、神の手に委ねれば良い。
言うは易く行うは難し——タフだ。いま、私はタフと言ったか？　いいや、私はそこに平易なものが介在することを信じている。どのみち、我々にはその全体像などつかめはしない。なぜなら、我々同様、同じ時間枠に共存する現実があまりにも多すぎるから。「どうして」や「なぜ」や「いつ」に時間を浪費することはない。ただ「行う」のだ。

行うことによって、我々は我々自身から抜け出すことができる。自分自身から完全に踏み出すや否や、非難することも、反応することも、嘆き悲しむことも、苦悶《くもん》することもなくなる。目の前の争点が見えなくなる——そこに、我々の内なる問題をやり過ごす機会が生まれる。非難すれば、つながりは途絶えてしまうのだ（ケーブルの代金を払わないとそうなるように！）。

我々の選択は、独善に走らないこと、鬱にこもらないこと、シンプルに続けること、何よりも大切な贈り物——セルフ《自分自身》に反して審判を下さないこと。

清めに身を委ねよ、立ち上がり、自己を払い除《の》け、新たに始めよ——かくて〝プリンの証明〟を確かめるまた一つの機会がやってくる。

ありがとう。

ブライアン・オム・コリンズ

より早く結果を導き出す法

How to Create Faster Results

神格に対して「Please forgive me.」と唱えるのではない。

なぜなら神格にそれが聞こえなければならない。

自分自身にそれが聞こえなければ意味がないからだ。

――イハレアカラ・ヒューレン博士

前章に挙げ連ねた〝証明〟を隅々まで読み終えても、私はまだ半信半疑だった。ヒューレン博士に、清めを行ってもなかなかすぐに結果が現れないと訴えると、彼はこう言った。

「あなたの清めと他の人々の清めから得られた結果の配列を見ることができたら、君は空恐ろしくなるはずですよ。そして、もっと清めを行いたくなる。君は魂の内にこの世の過ちを抱えている。ちょうど、私がそうであるようにね」そしてこうも続けた。「シェイクスピアの洞察力たるや真に信じられないほどだ。『哀れなる魂よ、我が罪深き大地の源よ／これら反徒の力たるや汝の陣立てを（とりこにし）……』（ソネット一四六番）」

シェイクスピアは、理性（知性）が狂気、混乱、不透明性を引き起こすと喚起している。

揺れ動くは過ぎ去りし理性なり　かく時を待たず
嫌われしは過ぎ去りし理性なり　燕《つばめ》の餌にも似て
意図ありしは受け手を怒り狂わせ……

（ソネット一二九番）

シェイクスピアは、記憶の問題についても指摘している。

甘き沈黙の思考に集《つど》いたるとき
我は過ぎ去りしものの記憶を召喚す
求めたる数多《あまた》の欠けたるにため息をもらし
昔日の災いに悲嘆するは得がたき我が時の浪費なり
（中略）
して我は看過したる悲嘆に嘆き得るや
甚だしく災いから災いを語り尽くし
嘆き尽くしたる嘆かわしき価値を嘆くは
かつて償わざるかのごとく新たに償うに等し

（ソネット三〇番）

モーラは、神格より賜《たまわ》った生命の目標を記している。

清めよ、消去せよ、そして己がのみのシャングリラを探すがよい。

その在《あ》り処《か》は？　あなたの内にある。

シェイクスピアとモーラは、存在のミステリーに踏み込む洞察力をもたらすメッセンジャーだ。

私は人として可能な限り、偏見のないように努めてきた——少なくとも、ジョー・ヴィターリという名前を持つ人間、もしくは〝Ao Akua〟として。それでもなお、ヒューレン博士が伝えようとしていることの核心がわからないでいた。しかし諦めなかった。前著で自分が書いた一節を思い出した。「混乱とは明瞭に至るすばらしき状態である」

そうだ、私はいま「すばらしき状態」にいるのだ。

数多くのセラピストがヒューレン博士のもとを訪れ、患者たちを救えないような気がしてきて嫌気が差し、うんざりしてしまうと訴える。その気持ちもわからないではない。私はwww.miraclescoaching.com にて奇蹟の指導プログラムを開設し、指導員たちが彼ら自身を癒すことによって他者を癒す方法を理解するように求めた。なぜなら、他者はすでに完全無欠なのだ。ヒューレン博士はそのことをEメールで次のように説明している。

先の週末、カリフォルニア州カラバサスで開いたホ・オポノポノ・クラスに参加したセルフ・アイ＝デンティティーのいち生徒が、午後のミーティングでいきなり大声で訴えてきました。

「なんてこった。患者を治療しているときに胃がむかむかした理由がやっとわかりましたよ。ぼくは彼らの悩みをわざと背負い込んでたんだ。そんな必要もないのに。清めるだけでいいんですね」

その生徒は〝ヒーラー〟には見えない眼識の一部を会得《えとく》したのです。彼らがわかっていないのは、患者が完全無欠だということです。患者が問題なのではないのです。

ヒーラーが問題なのではない。問題はシェイクスピアの言う「昔日の災いに悲嘆するは得がたき我が時の浪費なり」ということなのです。

問題は潜在意識（ウニヒピリ）の中で再生される誤った記憶なのであり、ヒーラーはそれを患者と共有するのです。

ホ・オポノポノ経由のセルフ・アイ＝デンティティーは、問題を解決する上での悔悛と許しと変容のプロセスであり、誰にでも自身に適用できるものです。神格に懇願し、ウニヒピリの中の記憶をゼロに、無に転化させるプロセスなのです。

したがって、あなた次第です。あなたのウニヒピリに潜む誤った記憶が問題を再生しているのです。意識ある心、知力ではなすすべもない。戸惑うばかりです。

そこで、ホ・オポノポノが内なる神格に訴え、ウニヒピリの中の記憶が何であれ、それをゼロに変質させるのです。

忘れてはいけません。期待や意志は神格に何ら影響を与えない。神格は何であろうと、いついかなるときも、自らの方法と時間で行使します。

まだピンときていない私だったが、「I love you.」と唱えるパワーは確かに会得した。十分に理屈に合っている。いつも「I love you.」と言うことのどこに害があるだろうか。ない。そう、ゼロだ。

以前、ヒューレン博士はこうも説明した。「神聖なる富の流入に心を開くには、まず記憶をキャンセルする必要がある。記憶（障害／限界）が潜在意識内に存在する限り、私たちの日々の糧をもたらす神格が妨げられてしまう」

どうやら、この「I love you.」という浄化と清めと消去のツールは、まるごと世界で共有される必要がありそうだ。抜け目のないアントレプレナーたる私は、そこに生産的価値を見出し、我がビジネスパートナーの一人、パット・オブライエンに相談してみた。このメソッドのオーディオ版を特別に開発するのはどうか。彼は即座に同意してくれた。

彼が音楽を作り、私が四つのフレーズを録音し、同時にウェブサイトのコピーを書いた(www.milagroresearchinstitute.com/iloveyou.htm 参照)。

このウェブサイトとオーディオCDはベストセラーとなったが、セールス以上に満足したのは、このシンプルな清めプロセスの力で人々が目を覚ます手助けをしたという事実だった。想像してみていただきたい。何千人もの人々がこぞって「I love you.」と唱和する様子を。

マーク・ライアン――精神を病んだ犯罪者たちを救った謎のセラピストを初めて私に教えた友人――も加わり、私たちはヒューレン博士の洞察力に基づいて商品化を進めていった。

マークと私はサブリミナルDVDを開発した。狙いは、変化をたやすく骨折らずに可能にすること。DVDをプレーヤーにかけ、あとはくつろぎながらショウを観るだけでいい。聞こえるのは、マークもしくは私のナレーションとオリジナル音楽のみ。意識する目に映るのは美しい舞台設定、例えば島、雲。無意識に訴えるのは、瞬間的にスクリーンに明滅するサブリミナルメッセージ。それらは、観る者にいつの間にか送られてきた電報のような役割を果たす。

明滅する言葉は、観る者にすべての怨嗟《えんさ》を投げ出して愛を感じるよう、工夫されている。いわば、包括的に「許し、再び愛する」ためのガイドとなるように、企画されたDVDなのだ(www.subliminalmanifestation.com 参照)。

この製品は、人々が自らの内なるネガティブな障害を清める手助けとなるよう、デザインされている。清めが済めば、至福のゼロ・リミッツ状態をより現実的に体験できる。

清めを続けているうちにアイディアが湧いてくるのがわかってきた。私はそれを霊感マーケティングと呼ぶことにした。いつぞや、現存するアイディアと製品を結びつけて新製品を作ろうとしたことがある。それがいま、はるかに力強く、かつ、ほとんどストレスもなく、とにかくアイディアが湧いてくるのだ。現時点でやることは素直に行動あるのみ。かくてパットと私は「I love you.」と唱えたものを録音し、マークと私はサブリミナルＤＶＤを創った。要するに、心に浮かんだアイディアを形にしたのである。

しばし立ち止まってその含意を斟酌《しんしゃく》してみれば、我ながら畏れ多いものがある。ひたすら清め続けることが、何にも増してはるかに重要だという事実。清めれば、アイディアは自然と湧いてくる。そして、うまくすればそのいくつかは計り知れない富をもたらす。

ヒューレン博士は、さまざまな方法で自らの創造の清めをノンストップで行う。その一つに、ある日突然彼の胸にひらめいたシンボル（上の写真）がある。

彼はこのシンボルを名刺に記載した他、ステッカーやボタンまで作った（www.businessbyyou.com. 参照）。「Ceeport」は彼によると「Clean, Erase, Erase, while returning back to Port」を意味している。「Ｐｏｒｔ」とはゼロ状態のことだ。

現在の私は、清めることが唯一の〝faster results〟(より早い結果)を得る方法だと納得し、(シンボルを象《かたど》った)ピンバッジを二個身につけている。さらに、このステッカーをいたるところに貼り付けている。車、コンピューター、札入れから、ジムトレーニング用品まで。見た目が奇妙でさえなければ、額にも貼り付けたいところだ。もちろん、いつでもこのマークの刺青《いれずみ》を彫る心の準備がある。

いつだったか、ヒューレン博士がこの本について話し合いに訪ねてきた折、私は新しい名刺を彼に見せたことがあった。友人の一人が撮ってくれた写真をあしらったもので、新車の前に立っている私が写っている。車は二〇〇五年型パノス・エスペランテGTLM。アトランタ州外製造のエキゾティックな特別仕様高級スポーツカーだ(私は〝彼女〟をフランシーヌと呼んでいる)。いかにも自信たっぷりに富裕階級のオーラを発散しているようにも見えるのはわかっていたが、実はこの写真にどんなパワーがあるかなど、私自身考えてもいなかった。

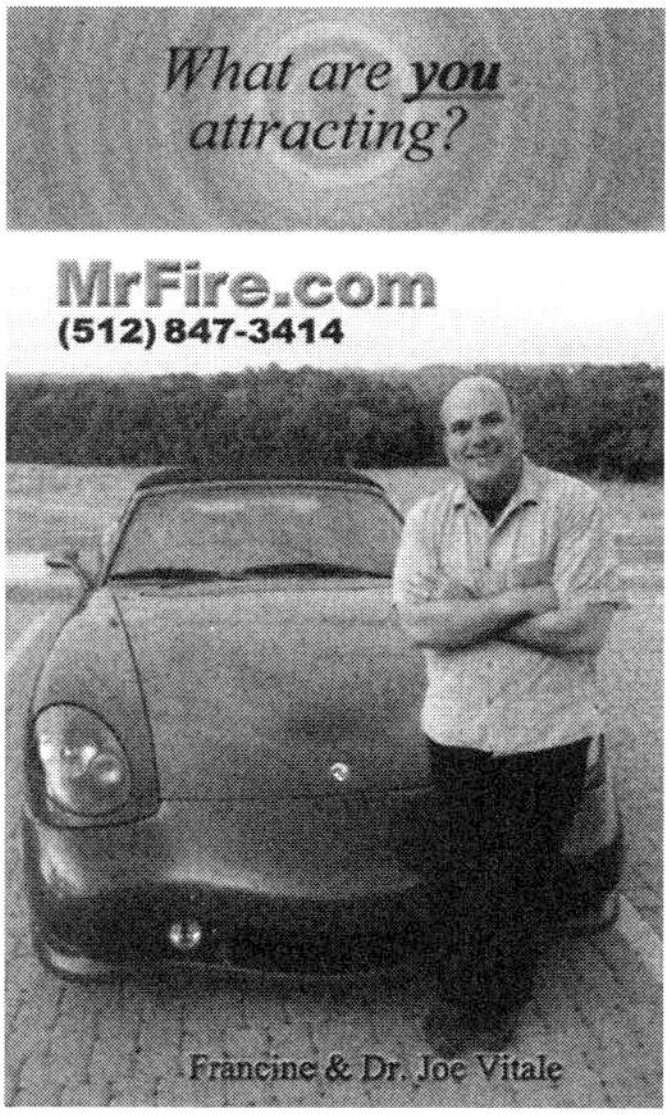

「これは清めのツールだ」しばらくこの名刺

を眺めていたヒューレン博士はそう言った。「この名刺を物事や人々や君自身に〝通す〟ことで、君は記憶や否定的なことを清めることができる」

彼が正しいのかどうかはともかく、確かに私はこのデザインが気に入っていて一刻も早く知人に渡したくてたまらなかった。思わず私が、名刺を自分の体に振りかざして周りの否定的なものを清めてみせると、ヒューレン博士は微笑み、そして笑った。

ヒューレン博士によると、パノスのカンパニーロゴ、すなわち、陰陽の渦巻きと三つ葉のクローバーをあしらったオリジナルの紋章も、清めのツールなのだそうだ。彼は鮮やかな赤と白と青、そしてクローバーの緑をじっと見つめ、それさえも清めの強力なシンボルだと言ったのである。私はパノスが大のお気に入りでよく乗り回す。運転席に座っている間、ずっと清められていたのかと思うとしてやったりではないか。

この名刺の最も気に入っている点は、写っている我が愛車パノスの紋章が、まさにフロントフードを飾っているところだ。要するに、この名刺は清めのツールとして二重におまじないの効果があるということになる。

こんな話をすると、人はきっとヒューレン博士が正気を失っているのではないかと思うかもしれない。しかし、彼がクレイジーであろうとなかろうと、私や一連の人々が私の名刺や例の「Ceeport」マークのような〝クレイジーな清めのツール〟に注目していることだけは事実だ。それらをざっと挙げ連ねたところで、純粋に懐疑的な人には大して役には立たないだろう。どのみち、売り上げ増を期待してオフィス内に「Ceeport」マークのステッカーを貼り付けている人々の話を聞いても、愚かだとか迷信深いと思われるのがオチだ。なるほど、一種のプラシーボ効果と言えるかもしれない。信じる者は救われる。もしそうなら、試してみればいいのではないか。

端的に、次章に登場するマーヴィンというセールスマンは、高級車販売で記録を打ち立てた。彼は「Ceeport」マークのステッカーを〝あらゆる場所〟に貼っているのだという。

「デスクの下、天井、コンピューター、コーヒーポット、車の下、ショウルームの中、待合スペース、などなど」彼は言う。「私はこのステッカーを割引で手に入れることさえしません。何百枚も購入してどこにでも貼るんです」

おそらく、この清めのツールを信じているからこそ、彼には効くのだろう。

あるいは、やはりこのツールには力があるのかもしれない。

真相は誰にもわからない。

かつて、ある医師に言われたことがある。「薬というものにはすべからく、効き目とプラシーボ効果がある」

仮に私の名刺がプラシーボなら、非常に安上がりで済んでいるということにもなる。

効くと思えば、そうすればいい。

清めよ、クリーン、クリーン。

How to Receive Greater Wealth

より大きな富を受ける法

I am the "I".
Owau no ka "I".

翌夏の〝ヒューレン・セミナー〟は最初の時とは異なるものだった。メッセージそのものは依然、清めとプログラムもしくは記憶の消去についてだったが、アプローチ法がよりリラックスした〝ぶっつけ本番〟の要素を持っていたのである。彼はおもむろに野球のボールを手に取って掲げ、このスポーツの要点は何かと問い掛けた。

「ホームランを打つことです」誰かの声。

「勝つことです」別の声。

「ボールから目を離さないことです」と私。

「正解！」ヒューレン博士は独特のきついハワイアン・アクセントで応じた。「勝つためやホームランを打つためには、常にボールから目を離さないようにしなければならない。ところで、野球とはあなたがたの人生にとって何なのでしょうか」

全員が押し黙った。

「呼吸のようなものです」誰かが言った。

「この瞬間です」別の誰かが言った。

私たちが要領を得ないと見るや、ヒューーレン博士は答えを提示した。「野球は神格です。皆さんはゼロに戻ることに集中しなければなりません。記憶はいらない。プログラムなど無用。ゼロです」

クリーニング、クリーニング、クリーニング。

ここに集《つど》う全員がすることは清めであって、清めないことではない。選択は自由だが、得るか得ないかを決める権利はない。神格を信じて自分にとって正しいことをする。知識にかけて神格より優れている者などどこにいる？　あり得ない。委ねるべし。

クリーン、クリーン、クリーン。

「私の意志は、神の意志に団結することです」ヒューーレン博士は言う。

「君にとっても、ジョーゼフ」

意志には限界がある。駐車場の一番前の列に停めたいと思う。そう意図する。しかし、神格は遠く離れた駐車場所しか与えてくれない。どうして？　なぜなら、もっと歩く必要があるから。委ねるべし。

クリーン、クリーン、クリーン。

さらに二日間、ヒューレン博士と過ごした。部屋には一三名の人々がいる。集中テーマは、いかにして問題は起きるのか。

「皆さんはいつでも問題を抱えている」彼は宣言する。私はその言葉に抵抗を覚えたが、とにかく書き留める。クリーン、クリーン、クリーン。

「問題とは再生される記憶です」彼が言う。「記憶はプログラムだ。あなたがただけのものではない。共有されるものだ。記憶を解放するには神格に愛を送ればいい。神格はそれを聞いて対応する。それぞれに最良の方法で、それぞれにふさわしい時に。あなたがたは選択しても決めはしない。神格が決めるのです」

意味不明。クリーン、クリーン、クリーン。

朗らかで満面に笑みをたたえているフィリピン出身のマーヴィンが立ち上がって、彼が一年間で一億五〇〇〇万ドル相当分の高級車を売ったことを話した。しかし、努力は一切しなかった、と。清めを行っただけ。

「ただ、一日中、『I love you.』と唱えるだけです」訛《なま》りのきつい英語で彼は語る。「人の話を聞きながら清めるのです。クリーン、クリーン、クリーンだけです。いつもそうです」

「まったく何もしないつもりってわけじゃないでしょう?」懐疑的な私が訊く。少なくとも車を売ろうとはしているはずだ。仕事なのだから。

「いいえ」彼は答える。「何も期待しません。職場に行って清めるだけです」

クリーン、クリーン、クリーン。

私は二日間、どこにでもいそうな平均的な人々の清めの物語に耳を傾けて過ごした。しかし、どうにも納得できない。清めて「I love you.」と唱えるだけで世界が変わるだって？　車がどんどん売れて、お金をもっと稼げるだと？　まさか。

「あなたがたはそのすべてに全幅の責任があるのです」ヒューレン博士が言う。「すべてがあなたがたの内にある。すべてです。例外はない。その上で清めなければならない。さもなくば清められない」

クリーン——テロリズムを？

クリーン、クリーン、クリーン。

クリーン——経済を？

クリーン、クリーン、クリーン。

クリーン——（カッコ内を任意に埋めよ）？

クリーン、クリーン、クリーン。

「それがあなたがたの体験の一つなら、清めるのはあなたがた次第です」とヒューレン博士。

休憩時、ネリッサとペットたちがどうしているかと思って自宅に電話した。啞然《あぜん》とした。ネリッサは一日中、私を驚かせるために忙しくしていたという。彼女には膨大なｔｏ－ｄｏリストがある。私のために何かをする暇があるはずがない。

「それって何だ?」

「でっかいサプライズよ」

「教えてくれ」

「百万年かかったってあなたには想像できないでしょうね」

「想像なんかしないさ。ぼくには百万年なんて時間はない」

真相をお話しする前に、前振り解説を少々。ネリッサはあまりにもやることがありすぎて鬱屈状態だった。夜も眠れないほどに。私やクライアントのためのビデオ制作、自分がプロモートしたいソフトウェアの開発、私が出かけている間はほとんどかかりきりになるペットの世話、家事。数多くのプロジェクトに関する仕事を除いて、ろくにスケジュールも組めない。だから、彼女がこう言ったときは心底びっくりした。

「あなたのクローゼットをいったん空っぽにしてから再構築したの」

クリーン、クリーン、クリーン。

唖然とした。私のクローゼット整頓という項目は、彼女のどころか私のｔｏ－ｄｏリストにすらない。

「あなたの服を全部取り出して、棚も全部外して、新しい棚を作って、あなたの服をしまいなおして、山のような服をハンガーにかけて、床に並べた服を整理しなおしたの」

まるで、そう、五〇〇万ドル相当の勘定書きを彼女から突きつけられたようなショック。

「なんでそんなことをしたんだ？」

「ふと、そうしたくなっちゃったのよ」

したくなった？　なるほど。しかし、そんな時間はないはずだ。まさに青天の霹靂。

ヒューレン博士によると、記憶を清める際にやってくるのは霊感（ひらめき）だという。ネリッサはふとひらめいて私のクローゼットを整理したということなのか。これは、内なる清めが外に結果をもたらすという比喩であり、証明なのか。

外での結果が何になるのかを意図することは確かにできない。

そう、選択はできても決定はできないのだ。

後刻、ヒューレン博士が泊まっているモーテルの部屋で、彼と私は師匠と弟子よろしく座っている。ただし、彼は私を師匠のように扱う。

「ジョーゼフ、あなたは神の創りたまいし原初の一〇人の一人です」

「私がですか？」

お世辞は結構だが、私は彼が何のことを話しているのかさっぱりわからなかった。

「あなたは人々の内なる神を呼び覚ますためにここに来ているのです。あなたの文章は人を惹きつける。天賦の才能だ。それだけではありません」

「というと？」

クリーン、クリーン、クリーン。

「あなたはビジネスの〝Jマン〟です」と彼は言う。「どういう意味かわかりますか？」

手掛かりすらない。そう言うと彼は「ビジネス界のキリスト《ジーザス》ですよ、あなたは。変化に向けて先頭を切って働くお人だ」

この会話は自分の胸にしまっておこうと考えた。誰も信じるとは思えない。私だってそうだ。

クリーン、クリーン、クリーン。

「モーナと過ごしていた頃のことです」彼は、いま教えている現代版〈ホ・オポノポノ〉を彼に伝授したカフーナとの修行時代を振り返る。「最初の五年間は彼女がどうかしているのではないかと思っていました。それがある日を境に消し飛んだのです」

ヒューレン博士の語り口はとりとめがなく、詩的で、非現実的だ。右脳と左脳を同時に働かせているかのようでいて、聞いているほうはそのどちらに依存すべきか迷ってしまう。私がビジネスの救世主だと述べたその口で、モーナのことを語り始める。それはそれで、人を惹きつける。

私は心を奪われていた。先を聞きたくなる。

「あなたの頭の周りに輪が見えるのですよ、ジョーゼフ」そう言われても私は何も見えないし、何も感じない。「その輪はお金のシンボルでできている。鷲《わし》のように」

なぜか、私はつけている指輪を彼に見せたいという思いにかられた。二千五百年前の古代ローマから伝わるがっしりした金の指輪だ。差し出された彼の手のひらにそれを置く。

「書かれている言葉はラテン語です」私は言った。「Fidemとは忠誠を意味します」

ヒューレン博士は指輪を持ったまま無言に沈んでいる。何らかのイメージ、もしくは印象でも受け取ろうとしているのか。指輪そのものと波長を合わせようとしているようだ。私は黙っていた。

「前世のあなたは偉大な弁士だった」彼が言った。「ところが、よってたかってなぶり者にされ、殺された。この指輪はその記憶を癒すものです」

驚いた。実を言うと、私はしばしば、前世で伝説的弁士だった記憶の断片が頭を過《よぎ》ることがある。そして、演説後に殺害された記憶のなせるわざなのか、人前で話すのが怖い。私はずっと、それを単なる身勝手なこじつけだと思っていた。ところが、ヒューレン博士は指輪を持っただけでその記憶を掘り起こした。

「実はめったにその指輪をつけないんです」私は告白する。

「つけなさい」彼は言った。「常に」

彼は指輪を見つめた。

「これはこれは……」彼は言う。「この指輪は『汝知るべし』の価値を知っていたヒーラーがつけていたものですよ」

私はイチコロだ。ヒューレン博士には嵐の現実にあって穏やかな海のオーラがある。世界が七転八倒しようとも動かざるごとし。心のままに語り、来る者も拒まず、数多の言葉も受け容れる。じっと私を見つめ、私の足元を見やった。

「ジョーゼフ、我が神よ。私はあなたの足元に跪《ひざまず》かねば」私に何を見たのかはいざ知らず、その声は真摯《しんし》に聞こえる。「あなたは神のようだ」

クリーン、クリーン、クリーン。

「私たちは清めを行うためにのみ、ここにいる」週末トレーニングの間中、彼は皆にそのことを戒める。「常に清め、絶え間なくすべての記憶を清めれば、神格はここに集いし私たちに何をすべきか示唆をくださるのです」

クリーン、クリーン、クリーン。

トレーニングの最中、私は自著の一冊のみを清めていたことに気づく。ナンバーワン・ベストセラーになった"The Attractor Factor"はとても楽しんで書いた本だ。しかし、大して売れなかった"There's a Customer Born Every Minute"（顧客はどこにでもいる）のときはそれほどでもなかった。それを思うと、背筋にエネルギーの迸《ほとばし》りのようなものを感じる。だからあの本は売れ行きが悪かったのだ。

初めてトレーニングに参加したとき、私は鉛筆の後ろについている消しゴムが清めの足しに使えるのだと教わった。それで何かをトントンと叩く。それだけでいい。実際には記憶の消去に通じなくとも、いわばシンボルのようなものだ。当時できてきたばかりの新刊書“Life's Missing Instruction Manual”（人生の失われた教訓マニュアル）にもそうした。毎日、何カ月間も、ひたすら叩いた。目に入るたびに立ち止まって鉛筆を取り上げ、消しゴムで本の上を軽く叩いた。ばかばかしいといえばそれまでだ。しかし、それはその本を取り巻く記憶をことごとく清める、一種の心理学的引き金だった。すると、たちまちその本はベストセラーになり、チャートトップに四日間居座り続けた。大企業から何千冊もの注文が殺到した。ウォルマート〔訳注：アメリカ最大のディスカウントショップチェーン〕にも置かれ、『ウーマンズ・デイ』〔訳注：主に若い主婦向けのアメリカの家庭実用誌〕にも取り上げられた。

しかし、何ら清めを行わなかった“There's a Customer Born Every Minute”は、刊行後とりあえずベストセラーリストに顔を出したものの、トップ10には届かなかった。大々的にパブリシティーを打って、本の存在を知らしめようともした。相応の効果はあったが、すぐ売り上げにはつながらなかった。そのことをヒューレン博士に話してみた。

「心の中で、その本をフルーツを入れたグラスの水に浸しなさい」とのアドバイス。「妙に聞こえるとは思うが、いますぐそうしてください。いまにわかります」

また、彼からオプラ（ウィンフリー）のことを訊ねられたときはびっくりしたものだ。

「彼女のショウに行ってみたいんですか？」

私自身、いずれ行ってみたいと思っていたから、思わずどもってしまった。当時の私はラリー・キングのショウにさえ行ったことがなく、オプラのショウはなおさら敷居が高かったのだ。

「清めないとだめですね、そんなにむせていては」たしなめられた。

クリーン、クリーン、クリーン。

「作家が二人、喘《あえ》いでいる」とは彼の説明。

「それは困ります」と私。

「オプラの話は彼女の理屈であってあなたのではない」

「それはまた深いですね」

「人々があなたのために何かをするという考え方を捨てなければ。彼らは彼ら自身のためにするのです。あなたはただ清めればそれでいい」

クリーン、クリーン、クリーン。

ヒューレン博士とお別れする時が近づいて、私はあらためて例の職員心理学者時代のことを訊ねてみた。精神を病んだ犯罪者たちの病院にいた頃のことを。

「あなたはまだ何か迷われているようだ」彼は私に言った。「楽ではないが、あなたは自力で乗り越えなければなりません」

もっと知りたいという思いが残された。もっと、もっと、もっと。

クリーン、クリーン、クリーン。

〈ホ・オポノポノ〉を行う人は例外なく催眠術にかかったようなエピソードを持っているようだ。例えば――。

親愛なるヒューレン博士

先日、フィラデルフィアで開かれたホ・オポノポノの集いに参加しました。蕩《とろ》けるような心持ちで〝帰るところ《ホーム》〟を思い出させていただいたことに、深く、かつ謙虚にお礼を申し上げます。

神格に、貴殿に、そして、この教えをなさる貴殿を支えるすべての子供たちに、終生感謝するものです。

以下は、貴殿の研究会で教わったことへの感謝のしるしとお受け取りください。

ホ・オポノポノのパワーに首を傾げる方々のために、何かしら役立てば幸いです。取るに足らぬとお思いになられたらご廃棄ください。私の感謝の気持ちに変わりはありません。

心から皆さまに感謝いたしております。

皆さま方に、神の平穏、叡智、健康、そして清め、〝故郷〟を見出す末永き人生がありますように。

万感の愛と祝福をこめて。

ダナ・ヘイン

＊　＊　＊

ありがたきフィラデルフィア・ホ・オポノポノの集いへの覚書

ヒューレン博士は研究会を始めるに当たっての講義で図形を描かれた。それは〈ホ・オポノポノ〉の宇宙論だった。そして私たちに問われた。「あなたは誰なのか？　ご存知かな？」」。私たちはともに、あまねく平穏を発散する我らが真の'Selves'の、想像を絶する、永遠の、限りのない、まったき、完全なる、空《くう》のゼロ・リアリティーを探し求めた。彼はそれを「ホーム」と呼んだ。続いて、彼とともに「問題とは何か？」」の本質を考えた。「気づかれたことはありませんか？」と彼は問う。「問題がいずこにあろうと、あなたもそこにいることを。それが何を意味しているかを」。古《いにしえ》のソクラテスさながらに、彼は私たちを言葉巧みに問答のプロセスに引きずり込むのだ。ヒューレン博士が、これほど見事に清め、転化されるべきそれら秘められた記憶と審理を掘り起こしてしまうとは！　絡め取られてしまったかのように、私は手を挙げ、質問し、コメントした。ところが、日々が重なるにつれ、ヒューレン博士に何かを訊ねるたびに侮辱されているような気がし始めたのだ。〝けなされた〟気分だった。返ってくる答えの一つひとつに私は顔を火照《ほて》らせ、衆目の中で辱《はずかし》められたように感じて傷ついた。

日曜日の朝がやってくる頃には、もうヒューレン博士に我慢がならなくなって出て行きたくなった。傲慢で、支配的で、威圧的な男としか思えなかった。私はその場に座り込んでしまい、苛立ち、憤り、いまにも泣きそうだった。

もう嫌だ、出て行きたい。何をするつもりなのか自分でもよくわからず、立ち上がってトイレに駆け込んだ。そのままミーティングルームにいると泣き出してしまいそうで怖かった。アンモニア臭のこもる仕切りの中の便器に腰を下ろすと、怒りが改めてこみ上げてきた。人殺しでもしかねない強い怒り。心のどこかで、それをやり過ごしたくないと思っている自分がいた。しかしその間にも、別の何かが私を促し続けている。「Forgive me. Forgive me. And I love you.」と唱えなさい、と。

私は唱え続けた。怒りに対して何度も、何度も。すると、ふと気づいたのだ。この感覚は前にも体験がある。以前にも、自分の意識の奥底で同じ怒りがめらめらと燃えるように蠢《うごめ》き、それをごまかしていた記憶がある――夫にやりこめられたとき、弁護士の母からしょっちゅう口喧《くちやかま》しくちゃんとしなさいと言われたとき。そうだ、何かというと黒を白だと言い張るような母の言葉は、子供心にわけがわからなかった。

そのとき私は理解した。〝わかった〟のだ。わぁ、これなんだわ！　これが古の記憶、私の眼の中の光の束《ビーム》、他人の心に土足で踏み込む私のビームなんだわ！　私が心に携え、私の〝いま〟に引きずり、他人を――ヒューレン博士、母、夫、ブッシュ、サダム・フセイン、その他私が咎め立て、断罪してきたすべての人々を、怒らせてきた記憶の刃《やいば》。ヒューレン博士が話していたのはこのことだったのだ。幾度となく再生し続けられるエンドレステープの堂々巡り。

居残ることにして会議室に戻った私は、その日の残りを深い平穏のもとに過ごした。声に出さず、頭の中で唱え続けた。「I'm sorry. Please forgive me. Thank you. I love you.」。それからというものは、ヒューレン博士が質問に答えるたびに彼への愛のみを感じた。先ほどまでの激情などまるでなかったかのように。彼自身はまったく変わっていない。私の中の何かが変わったのだ。

私が部屋に戻ってしばらく経った頃、ヒューレン博士が〈ホ・オポノポノ〉に出会った頃の個人的体験を話された。講習会を途中でやめたくなったのは一度ではない、実際三度も投げ出した、その都度、講師が〝クレイジー〟としか思えず、費用を台無しにした。じゃ、彼は私の気持ちを知っていたのか？　もう少しで投げ出して出ていくところだったことを。なぜなら彼がクレイジーだと思ったから？　次の休憩の間、私は恐る恐るヒューレン博士に訊ねてみた。きわめて優しく、彼が説明してくれたことによると、しばしば繰り返される古臭い男尊女卑の記憶が彼の脳裏に湧き上がったせいだという。多くの人に共通する記憶であり、これを癒すには相当な忍耐強さと努力が必要なのだとも。私も研究会で我が身に起こったヒーリングの深遠さを理解したのは、自宅に帰り着いてからだった。

あの週末を通して、ヒューレン博士は私たちに変質のツールを授けられた。知性偏重などまるでものともしないツールだ。さして効果のほども期待していなかった私は、従順に、しかし半信半疑で鉛筆を持ち上げ、「露のしずく《デュードロップ》」と言ってから、紙に書き留めてあった三つの単語――私にとっての問題を示す三つの単語「コンピューター」「息子」「夫」――をトントンと叩いた。

そのパワーを思い知らされたのも、帰宅してからのことである。

家に着くと、夫と息子の出迎えを受けた。揃ってニヤニヤしながら「母さんがいない間にぼくらは何を手に入れたと思う?」と言う。「もしかして新しいコンピューターかしら?」。我が家のコンピューターにはずっと悩まされ通しだった。出張技術者のお世話になった時間ときたら気の遠くなるほど（嘘じゃない）で、最後には何か祟《たた》られているんじゃないかと本気で考えたくらいだ。何よりもこの数週間、厄介なコンピューターのせいで家族間がぎくしゃくすることも度々だった。コンピューターなんてもうどうでもいい。家族が仲良くやっていければよかった。

だから、我が配偶者と息子が「そうだよ」と言ったのにはちょっぴり驚いた。二人は本当に新しいコンピューターを購入していたのだ。ほんの前の夜、新しい六四ビット・プロセッサー付きを手に入れるまで、もう半年待つことに同意したばかりだったくせに。「それで、何だと思う?」と訊かれた私は、思いつく限りのブランド名を並べ挙げた。デル、ヒューレットパッカード、ソニー、ゲイトウェイ、コンパック……。答えはすべて「ノー」。「降参!」と私は叫んだ。

三十年間連れ添ってきた夫はとても意志が強い。その鉄の意志をもって、ひとたび集中して前向きになれば頼もしい決断力を発揮する。ところが、気が乗らないとその決断力が手のつけられない意固地さに成り変わってしまい、何を言っても耳を貸さない。ずっと〝水も漏らさぬ〟PC通を自認する夫の気持ちを変えることは、絶対に、文字通り絶対に、不可能だった。だから、二人が声を揃えて「アップルさ!」と叫んだときは、めまいがして倒れそうな気がした。そもそもアップルこそ、私が欲しかったブランドだったのだ。しかし、我が家では、ユダヤ家庭での豚肉と同様、決してアップルが許されることはなかったのだ。

つまらないこだわりだと思われるかもしれない。だが、結婚三十年、協調性と同等性の共通ゴールを目指して、山あり谷ありの波瀾万丈を経験してきた私たち夫婦にとっては、コンピューターのブランド選択という、どう考えても瑣末《さまつ》な問題に関して「矛《ほこ》を収める」という行為は、戦争をやめるに等しい大事なのだ。そう、仮に中国がチベットを解放する日が来たところで、今回のことほどには驚かないだろう。

心の中で鉛筆を持ち上げ、「デュードロップ」と唱えながら「夫」「コンピューター」「息子」の文字の上を軽く叩いたこと。たったそれだけのことで、三十年に及ぶ軋轢《あつれき》をいともたやすく解決してしまったなんて！　はたして「I'm sorry.」「forgive me.」「Thank you.」そして「I love you.」の暗唱が、私を支配してきた母、電話会社、夫との終わりのない葛藤を根こそぎ転化してしまえるのだろうか。

確かなことは、研究会から二週間が過ぎたという事実のみ。私は日々、ヒューレン博士に教わったことを信心深く実践し続けている。息子は長年苦しんできた病を克服しつつある。夫と私は、以前なら封印してほったらかしにしておいた物事について言葉を交わすようになった。そう、昨夜など夫はこうも言ったのだ。「ねえ、よかったら、君専用にこういう小さなラップトップを買ってもいいよ」

それでも信じられない人へ

Skeptical Minds Want to Know

人生の目標とは、一瞬ごとに「Ｌｏｖｅ」へと回帰することである。
これを完遂するには、己の人生をあるがままに創造するに当たって、
個々に一〇〇パーセントの責任があることを認知するべきである。
あるがままに己が人生を創造するのは、
一瞬ごとの己が思考だと理解するに至ってこそである。
問題とは、人々や場所や状況そのものではなく、
それらにまつわる思考である。「あの辺りに」というものなどないと
認識しなければならない。

——イハレアカラ・ヒューレン博士

本書の前半でも触れたように、私は「世界で最も並外れたセラピスト」という論文を書いて自分のブログに掲載した。自前のウェブサイト www.mrfire.com にも追加したこの論文は、デイヴィッド・リクラン著“101 Great Ways to Improve Your Life”（人生を豊かにする１０１の法）で取

り上げられ、私が書いた中でも最も広く知られ、話題の対象にされた。数々のニューズグループにポスティングされ、人から人へ伝播し、私のEメールを通じて公に取り沙汰されることになった。明らかに、そこに込められたメッセージは人々の心の琴線に例外なく触れるものだったのだ。それはまた、ジョン・ワイリー&サンズ社の目にとまり、私に本書を書かせることになった論文でもあった。

ただし、誰しもがこの論文を賛美したわけではない。首を傾《かし》げた人々もいた――いったい誰が、たとえ心理学者ではあろうと、精神を病んで入院中の犯罪者たちを癒せるというのか。ある人はヒューレン博士に手紙を送って証拠を要求した――その精神病院でヒューレン博士が体験したという事実は本当なのか。正直に言えば、私もその一人だった。以下は、ヒューレン博士が詳細に書き記したその返答である。

物語は、それらが進むにつれ、清浄化を必要とする。
真実を語ろう。

1　私は数年間、ハワイ州立保健課が運営する精神科施設、ハワイ州立病院の俸給制職員心理学者として働いた。

2　私は一九八四年から一九八七年までの三年間、職員心理学者として週二十時間、殺人、レイプ、薬物使用、および対人暴行傷害、対物損壊の罪に問われた男性患者を収容する高度セキュリティーユニットで働いた。

3 一九八四年に私が同ユニットに入った頃、隔離病室のすべてが狂暴な患者たちに占有されていた。

4 同ユニット内では、他の患者への暴力を防ぐ目的で、常に数名の患者の足首と手首に金属製拘束具がかけられていた。

5 同ユニット内では、患者による患者や職員への暴力は日常茶飯事だった。

6 患者たちは治療や更生訓練に友好的に従うことはなかった。

7 同ユニット内での更生訓練活動はなかった。

8 同ユニット外での活動、娯楽、労働はなかった。

9 同ユニットに患者の家族が面会訪問することはきわめて稀だった。

10 精神科医の文書による許可なく患者が同ユニット外に出ることは許されることはなく、また、足首・手首の拘束具着用を義務付けられていた。

11 同ユニット滞在は、平均的患者で数年間に及び、年間費用は、私の知る限りで、三万ドル前後。

12 病棟職員の病気休養率が異常に高かった。

13 同ユニットの物理的環境が暗褐色で荒《すさ》んでいた。

14 同ユニット職員は基本的に有能で献身的な人々で構成されていた。
15 以上は、おそらく我が国のどこにでもある精神科ユニットと同様だと思われる。

私が一九八七年に同ユニットおよび施設を退職した時。

1 隔離病室はもはや使用されていない状態だった。
2 手首・足首の拘束具は使用されていなかった。
3 新規入院の際にありがちだった暴力行為はきわめて稀になった。
4 患者たちは、居住設備整頓、労働、ユニットおよび施設退院前の法的義務を含む自己管理について、責任能力を有していた。
5 ジョギングやテニスなどのオフユニット娯楽活動が、精神科医の許可や拘束具着用を必要とせず、行われるようになった。
6 車の洗車などのオフユニット労働活動が、精神科医の許可や拘束具着用を必要とせず、行われるようになった。
7 オフユニット労働に、クッキーを焼くことや靴磨きが追加された。
8 家族の面会訪問が頻繁に行われるようになった。
9 職員の病気休暇はもはや慢性的問題ではなくなった。

10　ユニットの物理的環境は、塗装やメンテナンスと人々の気遣いによって、著しく改善された。
11　ユニット職員はより積極的に、患者の責任能力を一〇〇パーセントに近づける手助けをするようになった。
12　入院から退院までの所要時間が、数年から数カ月へと著しく圧縮された。
13　患者と職員双方の生活の質が、互いへの気遣いによって、管理関係から家族的なものへと劇的に変化した。

ユニットの職員心理学者としての領分で私がやったこととは、ユニットを訪れる以前、訪れている間、辞した後に、問題として私が意識的にかつ無意識に体験する物事について、そのとき私の中で何が起きていようと、〈ホ・オポノポノ〉経由のセルフ・アイ＝デンティティーによる悔悛、許し、変質のプロセスを実践することだった。

ユニットの患者にセラピーやカウンセリングを行ったことは一度もない。

患者に関する職員会議に出席したこともない。

私は全幅の責任を負って、職員心理学者としての問題を私の内にもたらしたものを清めることに腐心した。

私は「I AM」の創造物であり、万人万物とともにある。不完全なるものは嘘であり、審判、悔悛、憤怒、激昂として再生され反応する記憶であり、そして神は魂に潜む残りの嘘をご存知である。

Peace of I,
イハレアカラ・ヒューレン博士
名誉チェアマン
わたし《アイ》財団法人　自由なる宇宙
www.hooponopono.org

私は未だ〈ホ・オポノポノ〉を学んでいる身だったが、心を開いて聞く耳を持つ人々がいれば教えを授けることもあった。もちろん、彼らが心を開いているのは私自身の投影であり、彼らのではなかった。私が晴れやかになればそれだけ、周りにいる人々も晴れやかになった。だとしても、事実を受け容れるのは至難の業だ。内側よりも外面を変えたいと思うほうがずっと楽なのだから。

マウイ島では、不動産仲介人の案内で物件を見て回った。車での道中、ヒーリング、スピリチュアリティー、映画『ザ・シークレット』、個々の成長などについて、たっぷりと話をした。すべてが興味深かったが、その過程で思わぬ啓示を受けることになった。

仲介人は、精神病棟をまるごと〝治療〟したヒューレン博士のことを書いた、いまや飛ぶ鳥を落とす勢いの（?）私の論文を読んでいた。

例に漏れず、その仲介人も非常に感銘を受けたと言う。

そして、例に漏れず、彼はよく理解できないでいた。

美しいマウイ島を周遊しながら、彼はある物件がなかなか売れないでいたことについての愚痴をこぼし始めた。売主と買主が仲違いしてへそを曲げ、すぐには話がまとまりそうにないという。仲介人は明らかに苛立っていた。

しばらく耳を傾けていた私は、ふと思いついて口を開いた。

「よかったら、ヒューレン博士がホ・オポノポノを使ってその問題を解決できないか、知りたくないかね?」

「是非!」仲介人は目を輝かせた。「それはありがたい。お願いしますよ」

「きっとうまくいくわ」ネリッサも言う。

「ま、私はヒューレン博士じゃないが」と私は言った。「彼と共同で本を書いているし、彼について訓練も受けた。彼ならどうやって扱うかはわかってるつもりだ」

「教えてください！」

「ヒューレン博士は自分の心を振り返ってそこに何が見えるかを確かめる。つまり、外側での体験を共有するということなんだ。精神病院で働いていた彼は、患者のカルテを見た。患者たちの行動に何らかの反発を感じても、彼は個々に当たろうとしなかった。彼自身が体験したフィーリングと取り組んだんだ。自分の中にあるものを清めたところ、患者たちも清められて癒されたというわけだね」

「なるほど」と仲介人。

「責任というものの意味を本当に把握している人は多くない」私は先へ進んだ。「誰でもはじめのうちは恨みがましくなるものだが、成長して目が開かれるにつれて自分の言動に責任を持つことを意識し始める。問題はその先だ。さらに目が開かれると、自分が万人の言動に責任があると気がつき始める。簡単な話だよ。それらはまさに自分が体験するものなんだからね。自分自身の現実を構築するということは、目に入るものすべてが自ら創造したということになるんだ。嫌なことも含めてね」

仲介人は微笑み、頷いた。

私はさらに続けた。

「その売主や買主が何をしようとどうだっていいんだよ。問題は君が何をするかだ。ヒューレン博士ならこうする。ひたすら『I love you.』『I'm sorry.』『Please forgive me.』『Thank you.』を繰り返し唱える。人に向かって唱えるんじゃない。神格に唱えるんだ。考え方は、共有されたエナジーを清めること」

「やってみます」仲介人は言った。

「ただし、結果を求めてやるんじゃない。共有されたエナジーを清めることによって、誰も二度と同じ体験をすることがないようにするためにやるんだ。浄化だよ。だから決してやめてはいけない」

そこで一呼吸入れた。

仲介人は得心したようだ。目を輝かせ、笑顔ではちきれんばかりだ。

「納得できたら」私は続けた。「あとは君次第だ。清めて癒す。君がこの売主と買主の問題を持ち出した以上、私もそれについて清めなければならない。いまや私の人生の体験でもあるわけだからね。私が自分の体験の創造主だとすれば、この件には私にも責任がある」

それからマウイ島で物件を見て回る間、私はこの問題に一切触れないようにした。

数日後、仲介人からEメールが届いた。ヒューレン式プロセスをずっと実践しているとのことだった。

そうしてこそ結果は生まれる。

すべては愛。

続いている。

完全に責任を持つということ。

テキサス州ウィンバリーでユニティー・チャーチを運営しているミンディー・ハートとともに、「お金の秘密」というセミナーを開いたときのことである。セミナー後半でホ・オポノポノ式の清め方について話をしたところ、終わってから一人の紳士が近寄ってきてこう言った。「私はどうしても『I'm sorry.』や『Please forgive me.』と言うのに抵抗があるんです」

「それはまたどうして？」

こんなことを聞くのは初めてだった。好奇心が湧いた。

「神ないしは神格を愛するというのがどうもピンとこなくて。私が許しを請うてもどうにもならないんじゃないですか」彼は言った。「神格が私を許さねばならない理由などないでしょう」

しばらく考え込んだ後、私は返すべき答えを見つけた。

「神格に許されるために唱えるんじゃない。自らを清めるために唱えるんです。神格に対して言ってはいても、それはあなたを清めていることなのだから」

言い換えれば、神格はすでにあなたに愛を降り注いでいる。それは決して止まることはない。ゼロ・リミッツが存在するゼロ状態を別の言葉に置き換えるならば、それは混じりけのない愛の状態。しかし、あなたはそうではない。だから「I love you. I'm sorry. Please forgive me.

「Thank you.」と唱えることによって、あなたはあなたの中にあって混じりけのない愛の状態にいることを妨げているプログラムを清めていることになる。
神格はあなたに〈ホ・オポノポノ〉をしてもらう必要はない。あなたにその必要があるのだ。

先日、私は仲のいい友人の一人から胸が捩《よじ》れるようなEメールを受け取った。

さーて、あなたの本を読んで、『ザ・シークレット』も観て、あなたのブログを毎日のように読んで、ベストを尽くしているのに、それでも何をやってもだめで不幸せな私って、いったいどうすればいいの？　問題が次から次へとやってきて止まる気配もない。何とか言ってくれない？

彼女の辛さはよくわかる。私とて一時はホームレスだったのだ。ほぼ十年間、貧困に喘《あえ》いでいたあの頃。我が〝一夜にして手に入れた〟成功も、実は二十年間の下積みがあったからだと思っている。のっぴきならない状態に追い込まれた気分なら誰よりも知っているつもりだ。
ならば、私は彼女に何と言えばいいのか。
以前の私ならあっさり解決策を提示しただろう。クロード・ブリストルの〝The Magic of Believing〟（信じることの力）を読みなさい、映画『ザ・シークレット』を七回観なさい、自分の人生設計を立てなさい、毎日瞑想しなさい、自己破壊の問題に取り組みなさい……。

しかし、そんなものは上辺《うわべ》だけの変化のアプローチにすぎない。いまはもうわかっている――ヒューレン博士も後押ししてくれるだろう――そんなものはほとんど役に立たない。

だとしたら、あとは何が残る？

泥沼から抜け出せずに苦しんでいる人をどうやったら救えるのか。

〈ホ・オポノポノ〉に従えば、自分自身を清めるしか手はない。私のもとにやってくる人々――メールを書いてよこした件の友人も含めて――は、私とプログラムを共有している。心のウィルスさながらに、彼らは〝罹って〟しまう。文句を言っても始まらない。彼らは罠にはまって追い詰められているのだ。ロープを投げてあげることはできても、たいていの場合、彼らはそれにすがろうとはしない。場合によっては、それで自らの首をくくってしまわないとも限らない。

じゃあ、どうすればいい？

私ができることは私を清めるだけだ。自分を清めれば彼らも清められる。共有するプログラムを清めれば、彼らは人という存在から自らを高揚することができる。最近、私がしているのはそればかりだ。遠い日にヒューレン博士と初めて電話で話をしたとき、彼が真っ先に私に言ったことを思い出す。「All I do is clean, clean, clean.」

私はただひたすら「I love you.」「I'm sorry.」「Please forgive me.」「Thank you.」と唱えるのみ。あとは神格に委ねるのみ。薄情だとは思わない。むしろ、私にできる至高の心尽くしなのだ。そして、いま、この文章を書いているまさにこの瞬間にも、私はそうしている。

そこで、読者のあなたに以下の〝スピリチュアルな提案〟をさせていただきたい。

私にメールを書いた友人の物語は、もはや読者のあなたの体験の一部でもある。すなわち、彼女が癒されるか否かはあなた次第でもあるのだ。そう、あなたが自らの現実を創造しているのだとすれば、いまやあなたの現実の一部になった〝この状況〟をも、あなたは創造しなければならない。そのためにこそ「I love you.」以下のフレーズをあなたも唱えることをお勧めする。

あなたがあなた自身を癒すことによって、メールを書いた私の友人も、そのプログラムを共有するすべての人々も、良くなっていくはずである。

選択肢は限られている

Choice Is a Limitation

私たちは、私たち一人ひとりの青写真を心得ている神格に
請い求めることができる。いまこの時、私たちを妨げている
すべての思考と記憶を癒すことについて。

——モーナ・シメオーナ

二〇〇六年の十月、ヒューレン博士は、数日を私と過ごすために、空路、テキサス州オースティンにやってきた。空港に出迎えるなり、私と彼は人生、神、プログラム、清めなどについて語り合い始めたものである。彼は私が最近どうしていたかと訊ね、私はすこぶる元気だと述べた。

「ある映画で登場人物が『自覚している人は絶えず驚きの状態で生きている』と言ってるんですが、私もその状態に限りなく近い」私は言った。「私には魔法と奇蹟が起こっていて、心が浮き立つような気分で生きているって感じなんです」

「と言うと?」彼が先を急《せ》かす。

私は手に入れて間もないお気に入りの車のことを語った。二〇〇五年式パノス・エスペランテ

ＧＴＬＭ、高級スポーツカーだ。特注品で、すべて手作業で組み立てられ、部品の一つひとつが製造者のサイン入り、しかもそれぞれに名前が付いている。私はこの車をフランシーヌと名付けた。ヒューレン博士が愛車への思い入れに理解を持っていることは先刻承知だ。実際、彼は車を生きている人間のように扱う。彼にとってはすべてが生き物なのだ。

私が映画『ザ・シークレット』に出演したことからラリー・キングのＴＶトークショウに招かれていることも話した。

「ラリー・キングとはどんな人間だね？」彼が訊く。

「率直で気さくで、都会生活に通じた強《したた》かな人物です。いい男ですよ」

それから、私の著書が好評なことも。"The Attractor Factor""Life's Missing Instruction Manual"。

どうやら彼の目には、私がエネルギーをもてあましているように映ったようだった。

「君が初めてホ・オポノポノの訓練を受けた頃から考えて、何か変わったことはあるかね？」

私は一瞬考えてから言った。「一切、制御しないようにしています。成り行き任せですよ。ひたすら、清め、消去し、ゼロに至る意志を持つ」

彼は私の肩をたたいて微笑んだ。さも、私が間違っていないと認めた瞬間をしっかり固定するかのように。

私の車に向かおうと歩き始めてまもなく、彼は立ち止まって私を凝視した。

「君の足が跳ねている」彼はびっくりしたように言った。「バネでもついているようじゃないか」

「あなたに会えて嬉しいからですよ」

ディナーの席で私は、P・T・バーナムについて書いた私の著書"There's a Customer Born Every Minute"の売れ行きが悪いことをこぼした。

「ジョーゼフ、君はそれを愛さねばならない」

売れてほしい一心だった私は、愛がそこにどう関係するのか首を傾げた。

「ジョーゼフ、君に子供が三人いてそのうちの一人が学校の成績が良くないとしたら、君はそれに失望していると言うかね?」

「いいえ」答えた瞬間、はたと気がついた。そうだ、私の本は私の子供だ。私はその一人が他よりも出来が悪いと言ってるってことじゃないか。何ということだ。私はレストラン内で思わず泣き出しそうな気分になった。

「わかったようだね、ジョーゼフ」とヒューレン博士。「君は自分の子供たちを分け隔てなく愛さねばならない」

自分が嫌になった。私は私の〝子供〟の一人を学校の成績が悪いという理由で疎外していたのだ。心底、申し訳なく思った。そして、胸の内で「I love you.」「I'm sorry.」「Please forgive me.」「Thank you.」と神格に唱えながら、私の本のことを念じ続けた。後に家に帰ってからその本を取り上げ、胸に抱いて愛を伝え、その存在を評価しなかったことに許しを請うた。

ヒューレン博士を乗せてテキサス州ウィンバリーの我が家に向かう途中、彼は私の中にいたずら好きな妖精が見えると言った。

「何ですって?」

「妖精だよ」

私には見えないものを見ている彼には慣れっこだ。彼はそれを心霊能力とは呼ばず、ただ、その瞬間に見えてくるだけだと言う。

「この妖精は大きな目と大きな耳を持っている。彼は内にこもって人目を避けたがっている」

「確かに、私には家に閉じこもってコンピューターで仕事をし、人と関わりたくないところがありますね」

「ただし、君は別の部分でスポットライトを浴びるのが好きだ」

「私の三分の二はラリー・キングやオプラと一緒にいて注目を浴びたがっています」私は告白した。「でも、残りは家にいたまま誰にも邪魔されたくない」

「君の妖精のおかげで君は正気でいられる」ヒューレン博士が解説する。「ただただスターになりたいだけの人は、早晩おかしくなる。ひとえに洞窟に住みたいと思っている人は、自分の光をカゴの下に隠してしまう。君のバランスはちょうどいい」

その日の遅く、私はネリッサに私の愛と妖精について話した。

「檜舞台《ひのきぶたい》に上がりたいと思っているあなたの部分って、何?」彼女が訊いた。

「さあね」

彼女はしばらく反芻《はんすう》してから言った。「私なら『スプライト』って呼ぶわね」

「スプライト?」

「そう、スプライト。ずばりって感じよ」

私は笑って渋々同意した。翌日、ネリッサが私の外交的な部分をスプライトと名付けたことをヒューーレン博士に告げると、彼は破顔一笑して「すばらしい」と言った。

「スプライトはライトがお好き」彼は歌うように口ずさんだ。


ヒューーレン博士が私の縄張りに到着した翌日、車で彼に会いに行ったところ、テーブルに着いて腰掛けている彼のそばで、二人の年老いたメキシコ人女性が彼の一言一句を聞き漏らすまいとしているのを見つけた。博士が私を手招きする。コーヒーを調達して彼の脇の椅子に座りかけた私を、博士は制止し、二人の老女と向かい合う位置に当たる一つ離れた椅子に座るよう誘《いざな》った。

「君が何者なのか教えてあげてください」

私は自分が作家で、映画出演も果たし、人々が幸福を見つける手助けをしていると告げると、彼はさらにこう言った。「どのように問題を取り扱うのかも」

「以前の私は、自分の問題であろうと他人のであろうと、とにかく解決しようと必死でした。いまでは問題をやり過ごした上で、その原因となった記憶を清めるようにしています。そうすると問題はどこかに消えてなくなり、私の心も晴れる」

「ジョーゼフ、お二人に実例をお聞かせしてはどうかな」

「私の姉は悩みの種でしてね」と告白する。「福祉援助を受けてたんです。家庭は崩壊するわ、身分証を盗まれるわで、散々でした。不幸な姉に心を痛めるばかりの私は、少しでも慰めになるかと、お金や本、映画のＤＶＤ、ＤＶＤプレーヤーなどをあげたりしていた。それでも姉はなかなか立ち直れない。でも、いまは私も彼女を立ち直らせようとはしなくなったんです」

「それで、何をなさったの？」老女の一人が訊ねた。

「私自身に働きかけているんです」私は言った。「わかったんですよ。姉の人生は彼女のせいじゃないんだってことを。プログラム、もしくは記憶なんです。それが再生されて姉を絡め取っているんだってことをね。ウィルスに感染したようなものですよ。姉には何ら落ち度はない。そのことに気がついた私は、姉の苦痛が身に染みた。それは、私が同じプログラムを共有したことに他ならない。清めなければいけない。私が清めることによって、プログラムも彼女から離れていくんです」

「清めるって、どうやって？」

「とにかくひたすら『I love you.』『I'm sorry.』『Please forgive me.』『Thank you.』と唱えるんです。何度も何度も」

そこでヒューレン博士が解説を入れた。「I love you.」というシンプルなフレーズには、何でも変換してしまう三つの要素が潜んでいる、それは感謝と敬意と変移であると。それを受けて、私は私なりに意見を述べた。

「四つのフレーズはまるで魔法のおまじないのように、ダイヤル錠を開けて森羅万象《しんらばんしょう》へと向かわせる。ちょうど詩を朗読するように、繰り返すたびに私の心は開かれ、神格が私を清め、いまここにいる状態から私を妨げているプログラムをそっくり消去してくれる」

ヒューレン博士は、ホ・オポノポノ式清め法について私の説明の仕方を褒めた。

「ウィルスに感染するとは言い得て妙だね」彼は言う。「それこそが、この世にあって私たちを取り込んでしまうプログラムだ。それに感染した誰かがいて、君がそれに気づいたときはすでに君も感染しているということなんだ。要するに、一〇〇パーセントの責任を負うということ。自分自身を清めることで、万人からそのプログラムを取り去ることができる」

そこで彼は一呼吸入れ、そして続けた。「しかし、プログラムはごまんと存在する。まるで、ゼロを覆い尽くす雑草のように、ね。ゼロ・リミッツを得るには、想像を絶する数の清めを行わねばならない」

老女たちの納得した様子を見て私は驚いた。ややもすると頭がくらくらするような話をしているにもかかわらず、二人にはどうやら通じたらしいのだ。単にヒューレン博士とウマが合っただけなのかもしれない。まるで、周囲のすべてのものを音として感じるために、音叉《おんさ》を奏でてでもしたように。

ヒューレン博士と私は散歩に出かけた。ひんやりとした朝の空気をついて、埃《ほこり》っぽい砂利道を半マイルほどそぞろ歩いた。途中、シカの群れに出会った。しばらくして、今度は頭を低くして私たちに吠え掛かる犬の群れ。かまわず、話しながら歩き続けた。突然、ヒューレン博士が犬たちに手を振った。そして、彼らを慈しむかのように「私たちは君たちが大好きだよ」と言った。

すると、犬たちが吠えるのをやめた。

「誰もが愛されたいと思っている」彼が言う。「君、私、犬たちでさえ」

群れの後ろのほうにいた小柄な犬が、かすかにキャンと吠えた。それはまるで私たちに「その通り」いや「Thank you.」とでも言っているような気がした。

それとも「I love you.」だったかもしれない。

私たちの会話は常に刺激的だった。あるとき、ヒューレン博士が、人生における唯一の選択肢は清めるか清めないかだと説明したときは、呆然とした。

「君の出所は記憶もしくは霊感のいずれかだ。そういうことだよ」

私の答えは「私はいつも人に、誰でも霊感かそれ以外かを選ぶ権利があると言ってきたんですよ。それが自由意志というものだ。神格から送られてくるメッセージに則って行動するか否か。

行動すればすべてが良くなる。しなければ問題を抱えてしまう」だった。

「君の選択肢は清めるか否かなんだよ」彼は言う。「君が澄み切っていれば霊感がやってきて、ただ行動するだけだ。そのことを意識することはない。意識すると、君は霊感を何かと比較しようとしてしまう。その何かとはつまり記憶のことだ。記憶を一掃するんだ。選択の余地はない。ただ、霊感を受けて何も考えずに行動する。それだけでいい」

この考察は私を打ちのめした。愕然《がくぜん》とした。私は自由意志による選択について書いたり話したりしてきたのだから。それがたったいま、自由意志とは記憶にしがみついていることだと言われたのである。無限《ゼロ・リミッツ》のゼロ状態にあっては、ただそこで為すがままに行動する。それだけのことだ、と。

「いわば、私たちは壮大な交響曲を奏でているようなものだ」ヒューレン博士は続けた。「個々が演奏楽器を持っている。私も一台持っている。君の読者もそれぞれ持っている。一つとして同じ楽器はない。コンサートを開いて誰もが楽しめる演奏をするには、一人ひとりがそれぞれに与えられたパートを受け持つ必要がある。楽器を手に持たなかったり、誰かが自分よりいい楽器を持っていると考えたりしたら、トラブルになる。それが記憶なんだよ」

なるほど。コンサートには裏方やプロモーター、清掃クルーがついてくる。一人ひとりに役回りがある。

ふと、自分なりの成功理論にまったく無頓着な知人たちのことを思い出した。例えば、ジェイムズ・カーン。『ゴッドファーザー』やTVシリーズ『ラス・ヴェガス』で有名な俳優。私は何度か彼に会ったことがある。彼はなぜ自分がスターになったのかさっぱりわからないと言う。むろん、彼はもはや伝説の域にあるすばらしい俳優なのだが、ひとえに自分に忠実にやっているだけだと言うのである。この宇宙という台本にそって、彼はひたすら自分のパートを演じている……。

まったく同じことが私にも言えるのかもしれない。これまで出会った中には、私を何がしかの導師と見て振る舞う人もいる。映画『ザ・シークレット』に出演している私を見たり、特に“The Attractor Factor”のような私の著書を読んだ人は、私が神とのホットラインとつながっていると考える。実際の私は、人生というコンサートで私の楽器を演奏しているだけなのだ。

皆が皆の役割を演じ、私は私の役割を演じてこそ、世界は機能する。皆が私になろうとして私が皆になろうとするとき、問題が持ち上がる。

「そういう役割を取り決めたのは誰なんですか？」私はヒューーレン博士に訊いた。

「神格だ」彼は言った。「ゼロだよ」

「いつ決められたんです？」

「君や私はおろか、アメーバが姿を現す前のはるか昔」

「すると、自由意志なんてものはまったくないということですか？　私たちはただ自分たちの役割に縛られている、と？」

「君には大いなる自由意志がある」彼は言う。「呼吸するたびに君は創造し続けている。ただし、ゼロに至るにはすべての記憶から解放されなければならない」

以上のすべてを完全に理解したと言えば嘘になる。ただ、自分の楽器を演奏するのが私の仕事だということは何となくわかる気がする。そうして、私は人生というジグソーパズルの一ピースとなって〝ピタリとはまる〟場所を見つけたのだ。しかし、別の〝はまらない〟場所に無理やり納まろうとしたら、パズルの絵は決して完成しない。

「君の顕在意識はすべてを理解しようとしている」ヒューレン博士はいみじくも指摘した。「しかし、君の顕在意識はたった一五ビットの情報量しか気がついていない。一瞬ごとに一五〇〇万ビットもの情報が飛び交っているというのにね。君の顕在意識は、実際に起こっていることの手掛かりすらとらえられない」

それでは、とてもじゃないが居心地が悪い。

少なくとも、私の顕在意識以外にとっては。


以前にも触れたように、私は〝The Secret of Money〟と題した講演を行った。そのとき私は、クリアな人《心が澄んでいる》にはお金が入ってくると述べた。破産はクリアでない証《あかし》だ、と。そのことを話すと、ヒューレン博士も同意した。

「記憶はお金を遠ざけてしまう」彼は言う。「お金は、それにクリアな人《こだわらない》についてくる。森羅万象を受け容れることによって、お金はもたらされる。お金が身につかなかったりなくなっていくのは、記憶が再生されているせいだ」

「どうしたらクリアになれるんでしょう？」

「『I love you.』と唱え続けなさい」

「お金に対して唱えるんですか？」

「お金を愛してもかまわないが、ひたすら神格に対して唱えるほうがもっといい。君がゼロにあるとき、ゼロ・リミッツが得られ、お金すら君に巡ってくる。しかし、記憶にこだわれば、それを自ら妨げることになってしまう。お金にまつわる記憶は数知れない。君が記憶を清めれば、誰にとっても記憶は清められる」

私たちはある店に入ってコーヒーを注文した。私たちが腰を落ち着けた頃は静かだったが、次第に客が流れ込んできて慌しさと騒々しさが増していった。大変なエナジーが充満していた。

「気がついたかね？」彼が訊いた。

「ざわめき、ですね」と私。「皆、幸せそうだ」

「私たちが入ったことで、すでにクリアな私たちの自我が持ち込まれ、店がそれを感じてるんだよ」

彼はヨーロッパでレストランに入ったときのことを話し始めた。暇そうだった店内が、彼の訪問を境に忙しくなったという。他の店に入っても同じことが起きるかどうか試してみたら、その通りだった。そこで彼はレストランのオーナーにこう言ったのだとか。
「我々が来ると商売が繁盛するとしたら、食事を奢《おご》ってもらえるかな?」
オーナーは同意した。ヒューレン博士はたびたび、ただ存在するだけでただ飯にありついている。

彼は実にカネ離れがいい。ある小さな店に入った彼は、友人のお土産にステンドグラスの商品をいくつか買った。そして、カウンターに二〇ドル札をぴしゃりと置いて言った。「それから、これは君に!」。店員はびっくりしていたが、さもありなん。博士は言い添えた。「たかがお金じゃないか!」

後に入ったレストランで、私はウェイトレスにたっぷりチップをはずんだ。あんぐりと口を開けてそれを見つめていた彼女は「こんなにいただけません」と言ったが、私は「いいんだよ」と押し返した。

そのくせ、後刻、私は莫大な金儲けに結びつくはずの商品開発アイディアを得た。ヒューレン博士はいみじくも指摘した。「それこそ森羅万象が君の気前の良さに報いた結果だ。与えたからこそ取り戻せたんだよ。それが霊感を君にもたらしたんだ。与えざる者に与えられるものなし」

なるほど、これこそまさに'The Secret of Money'じゃないか。

「我々アメリカ人は、『神にこそ信を置くべし』という言葉がお金についても正しいということを忘れてしまっている」ヒューレン博士は言う。「わかっていながら信じていない」

あるとき、ヒューレン博士は、私が物理学者と栄養学者を引き入れて設立した栄養補助食品会社の近況について訊ねた。私たちが〈カルディオ・シークレット〉と名付けた無添加コレステロール軽減製剤を販売するために創った会社のことだ（www.CardioSecret.com. 参照）。遡って、私は製品名と会社名についてヒューレン博士に相談していた。彼はその後どうなったのかに興味があったのだ。

「それが、まだ動いていないんですよ。食品医薬品局（ＦＤＡ）の代理人に依頼して、私たちのウェブサイトと製品を検査してもらっているところで、その結果待ちなんです。ところで、この製品に取り組んだおかげでもっと面白い製品のアイディアが浮かびましてね。〈Fit-A-Rita《フィタリタ》〉っていうんです」

〈Fit-A-Rita〉は無添加のマルガリータ・ミックス自然食品だ（www.fitarita.com 参照）。この製品のアイディアが浮かんだのは、友人たちと酒を酌《く》み交わしているときのことである。当時、性懲りもなくボディービルディング・フィットネスコンテストに参加中だった私にとって、マルガリータを飲むことはきわめて珍しく特別なことだった。一杯飲《や》りながら私は何の気なしに「おれたちが必要なのはボディービルダー用のマルガリータだよな」と言った。そのとたん、私はそれが悪くないアイディアに思えたのだった。

「いいことだよ、ジョーゼフ」ヒューレン博士が言う。「君は先の製品に固執することなく、ごく自然に物事を求めようとした。だから神は君に新たな金儲けのアイディアを授けたんだ。人は得てしてある発想に執着すると思い通りに運ぶよう無理をしてしまう。そこで彼らは、実は手に入れたい大きな富を疎外してしまっているんだ。君はそうじゃない、ジョーゼフ。いいことだよ」

むろん、彼は正しい。心を開いたままでいる限り、神格からのアイディアは尽きることがない。〈Fit-A-Rita〉以外にも、私は〈クリアリング・マット〉のアイディアも授かった。食事の前にこのマットの上に食べ物を置いておくと、料理も食べる人も清められるというものだ。しかし私はそこで休止することはなかった。ヒューレン博士もアイディアを授かったのだ。

「腰を掛けて見ているだけの人を清めるウェブサイトなんて聞いたことがない」彼は言った。「ならば、我々の本のための我々のウェブサイトを作ってみようじゃないか。アクセスした人が、サイトに我々が吹き込んだもので清められるというやつをね」

というわけで、www.zerolimits.info. が出来上がった。

欲を捨てて、来るもの皆拒まずに任せれば、受け取るアイディアもお金も尽きることがない。カギはいつもながらに、ひたすらクリーン、クリーン、クリーンである。

「患者を診るとき、セラピストは何をすべきなんでしょうか?」癒しを求める人々を救う特殊な方法を突き止めたくて、私は訊ねた。

た。

「ただ、愛しなさい」ヒューレン博士の答え。

「しかし、やってきたのがトラウマを抱えてそれを乗り越えられないでいる人の場合は？」私はあえてヒューレン博士を追い詰め、私が実際に使える方法を彼に捻り出してほしいと考えていた。

「誰でも愛されたいと思っている」彼は言う。「君もそうじゃないかね？　相手を愛している限り、君が何を言おうがしようが関係ない」

「じゃ、ユング式でもフロイト式でもライヒ式でも、何でもかまわないと？」

「関係ない」彼は強調する。「愛するだけでいい。なぜなら、相手は君の一部なのであって、君の愛する気持ちが、彼をして人生における活性プログラムを消去し、清めるのだから」

言いたいことはわかったが、その程度の答えでは物足りなかった。

「しかし、相手が明らかに精神異常だった場合は？」

「いつだったか、統合失調症と思われる女性が私のもとにやってきたことがある」やっと実例が出てきた。「私は話を聞かせてくれと頼んだ。あらかじめ言っておくが、こういう人が何を語ろうとそれを真に受けてはいけない。その人の勝手な解釈なんだからね。真実はその人の知覚外にある。しかし、まずは話を聞くのが先決だ」

「彼女は何と言ったんです？」

「私は彼女の話に耳を傾けながら、清められるべきが清められると信じて、ひたすら心の中で繰り返し『I love you.』を神格に向かって唱え続けた。途中、彼女は私に自分のフルネームを告げたんだが、それはいわゆるハイフン入りの名前だった」

「ヴィターリ＝オーデンのような？」

「そう。問題の一部がそこにあることがわかった。こういう名前を持っている人は、自分の中に別人格がいるような状態が生じる。彼女は生まれながらの名を名乗る必要があったんだ」

「じゃ、合法的に名前を変えるように勧めたんですか？」

「彼女にはそこまでする必要はなかった。自らに自分の名前は一語だと言い聞かせるだけで、彼女はみるからに落ち着いて健康体に戻ったようだ」

「しかし、それは名前を変えたからなのか、それともあなたが『I love you.』と唱えたからなのか、どちらだったんです？」

「さあ、わからんね」

「でも、私はそこが知りたい。私は www.miraclescoaching.com. でコーチ養成プログラムを始めました。私の育てるコーチたちが間違いなく人を救えるようにしたいんです」

するとは彼はこう言った。「セラピストは人を救ったり癒したりするものだと思っているが、実は彼らの仕事とは、患者たちの中に見える自分自身のプログラムを癒すことなのだよ。そういう記憶がセラピストの中でキャンセルされれば、患者の中でもキャンセルされる。

君や君のコーチが言ったりしたりすることは一切どうでもいい。一緒にいる人を愛し続けるだけでいいんだ。忘れてはいけない。君が見ている相手は君を映す鏡だ。その人の体験を君は共有している。共有されているプログラムを清めれば、どちらもよくなる」

「でも、どうやって?」

「『I love you.』だよ」彼は言った。

そこでやっと、意味がわかりかけてきた。

私は、子供向けの本やマンガ本を読む年代の頃から、世界の仕組みを解き明かそうとしてきた。『スーパーマン』や『ザ・フラッシュ』を理解するのは簡単だった。いまや私は、自らの精神的漂流に加えて、科学や宗教、心理学、哲学ともやりとりしなければならない。

そして、何とか感触をつかんだかなと思ったとたんに、私の世界観を侵害する別の本が擦り寄ってくる。バルシーカーの『意識は語る』を読み始めたときは、頭痛がしたものだ。

本を読んで混乱した人間が、あえてそのメッセージを言葉で総括するならば、一言で言って自由意志による行動など何もないということだ。すべては、プロンプターにセリフ付けされた上でのこと。人は皆、自分が能動的な役者だと思っているが、それは間違っている。自我が語っているにすぎない。ある意味で、我々は神の操り人形であり、我々の内にあるエナジーが糸を引いているのだ、と。

ここでよく考えていただきたい。

私の著書"The Attractor Factor"は、何かを手に入れ、行動し、あるいは何かになりたい場合の五段階プロセスについて述べたものだ。私や他者は、富から車、配偶者、健康、仕事、その他に至るすべてを引きつける方法を行使し続けている。それはすなわち、人間の意志を宣言することであり、行く手に何があろうと、予定表に何が勃発しようと、意志に基づいて行動するということである。要するに、人間こそ操る側にいて、世界は人間の操り人形なのだ。

では、私は以上の明らかに相反する二つの哲学を、いかにして矛盾することなく取り込めるのか。

例えば、こう考えてみようか。

第一に、我々は信頼の上に成り立った世界に生きている。信じるものが何であれ、その信頼は機能する。個人差はあってもそれで人は上手くやっていける。信頼は、個人が納得のいく認知という枠内に体験を取り込んでいく。そして、仮に自分の世界観や信頼のシステムにそぐわない何かに遭遇した場合、人は何とかそれにもっともらしい解釈を当てはめ、無理やりにでも調和を図ろうとする。さもなくば、バリウムを飲めばいい。

第二に、そもそも例の二つの哲学がどちらも正しいと考えるにはどうしても無理がある。なにしろ、人間は操り人形であり、かつ操られているというのだから。唯一筋が通るとすれば、我が道を行くしかないことになる。飲みすぎ、食べすぎ、戯れ、盗み、嘘、そして必要以上に世界の機能について悩みを抱えることでさえ、それらを駆り立てるのは人の心だ。人の心とは、物事の自然な流れに逆らわないもの。人の心はそれを宿命と受け容れ、よく考えようともしない。ゆえに、人の心は、生き残るために心地よい嗜癖《しへき》を構築する。現実的に言えば（その現実が何であれ）、人の心はいまこの瞬間の至福体験を妨げる障害なのだ。

もしそうなら、私が"The Attractor Factor"で「ステップ3」として述べた〝清めのテクニック〟のすべてが、神聖なるプランから障害を取り除くためのものということになる。

つまり、人生に忍び寄るトラブルをさらりと突き放す「Emotional Freedom Technique（情緒的独立テクニック）」のような方法を使って、人は悩みを解消する。

だが、そうなると何が起きる？

人は能動的行動を取るだろう。

少なくとも、能動的行動を取ろうとしたことはあるはずだ。

なぜなら、はじめに問題ありきだったことを知っているのだから。

言い換えれば、行動を起こすべしとの刺激が神から人に送られたのであり、そこに至る不安こそが障害（干渉）だったというわけである。障害を取り除けば神のもとに戻ることができる。つまり、人は操り人形であり、同時に操る側でもあるというわけだ。

改めて、少なくとも現時点で私が納得している結論をまとめてみたい。

あなたは何らかの才能を内に秘めてこの世に生を享《う》けた。その時点では何も気づいていないかもしれない。いまでさえ知らないままかもしれない。しかし、いずれあなたがそれに気づく時がやってくる。そこで、あなたの心はそれを判定しようとする。結果がよくないと、何とかしよう、隠そう、解決しよう、うっちゃろう、容認しようなどとして、セラピーだの方法論だのドラッグだのに走る。しかし、ひとたび、あなたが自分の才能が生かされるのを疎外する障害を取り除けば、次には才能を生かそうと行動するだろう。つまりは、あなたは神の操り人形ではあっても、自分の人生を操る者になっていくのである。

選択肢はひとえに、流れに身を任せるのか否か。

それが自由意志だ。場合によっては〝不自由意志〟ともいう。刺激《インパルス》を受けて行動するか否か、その決断次第だからだ。

このことは、私が“There's a Customer Born Every Minutes”で取り上げた偉大なるショウマンでマーケッターのP・T・バーナムでさえ知っていた。彼は行動を起こした。壮大なスケールで物事に当たった。しかし彼は、常に何らかのより高貴な命《めい》に従っていた。彼の墓石にはこう書かれている。「我が意志にあらず、しかして汝為せるなり」

彼は彼の心の干渉をものともせず、思うがままに行動し、結果をあるがままに受け容れ、それがまさに森羅万象のより大きな図《え》の一部なのだと信じた。彼には、行動を起こす一方で成り行き任せにする度量があった。

そして、それこそ我が“The Attractor Factor”の「ステップ5」に他ならない。

今宵、私は世界を解き明かした（と思う）。

明日のことはわからない。

またぞろマンガ本が恋しくなっている私である。


「誰もが才能を持っている」ヒューレン博士が散歩の途中で言った。

「タイガー・ウッズはどうです？」私がそう訊いたのは、答えはわかっていても、より深い質問に導こうとしたからだ。

「彼は神聖なる劇にて彼の役割を演じている」

「でも、彼が他人にゴルフを教えるようになったらどうなります？」

「まず成功しないだろうね」とヒューレン博士。「彼の役割はゴルフをプレーすることだ、教えるのではない。それは別の誰かの役割だ。我々にはそれぞれの持ち分がある」

「しがない管理人でさえも？」

「もちろんだ！　自分の仕事を愛している管理人やゴミ収集員だっている。君がそう思わないとしたら、それは君自身が想像上で彼らの役割を演じようとしているからだ。彼らとて、君の役割は演じられないんだよ」

そのとき突然、かつての自己啓発コースで学んだ一節が蘇ってきた。「もしも神があなたに為すべきことを告げたなら、それに従ってこそ幸福になれる。あなたのしていることは、神があなたに望んだことなのです」

つまりは、自分の役割に抗うことなかれ。私とて、ミシェル・マローンのようなソングライターや、ジェイムズ・カーンのような俳優や、フランク・ゼインのようなボディービルダーや、ジャック・ロンドンのような作家になりたいと憧れないわけではない。私にだって、歌を書き、演じ、体を鍛え、小説を書くのにけっこうな才能があるのかもしれない。しかし、私の役割はインスピレイター《霊感を与える人》なのだ。本を書いて人々の目を醒まさせ、もしくは、より正確に、自分の目を醒まさせること。

私の目が醒めれば、あなたの目も醒める。

葉巻とハンバーガーと神を殺すこと

Cigars, Hamburgers, and Killing the Divine

清めはあなたの魂の借金を軽減する。

——イハレアカラ・ヒューレン博士

ヒューレン博士が何か食べに行きたいと言い出したとある日のこと。月曜日の夕方だった。私の住む小さな町では、週末は誰もが観光客の相手をするのに忙しい。その反動で月曜日はたいてい店が閉まっている。私の記憶では開店しているのは一店のみ、バーガー・バーンというハンバーガーショップしかなかった。ヒューレン博士が不健康な食べ物を好むわけがないと思い込んだ私は、その店の名前すら口にしたくなかった。加えて、ライフスタイルの変化とともに食餌《しょくじ》嗜好も変わった私は、もはやファストフードの店のそばを車で通り過ぎることさえ憚《はばか》られた。しかし、とりあえずヒューレン博士にそのことを言ってみたところ、「バーガーか、いいじゃないか！」と明らかに乗り気を見せた。

「本当ですか？」

「ああ、もちろん！　美味いバーガーが大好きでね」

私たちはこうしてその店の脇に車を停めた。中に入って腰を下ろす。メニューを見ると、やはりろくに健康的な食べ物らしきものがない。

「ダブルミート、ダブルチーズをホワイトバンズでいただこう」ヒューレン博士が注文した。

呆気《あっけ》にとられた。私の意見では、それは心臓発作級の食べ物だ。ミート？　チーズ？　それにホワイトバンズ？　信じられなかった。さらに信じられないことに、私も同じものを注文していた。シャーマンに良い食べ物なら、私にだって悪いわけがないと判断したのだ。

「チーズやミートやパンが気にならないんですか？」私は訊いた。

「ちっとも」彼は言う。「私は毎朝、朝食にチリドッグを食べるんだ。こういうのには目がなくてね」

「そうなんですか？」

「危ないのは食べ物そのものじゃない。食べ物について君が何を考えているかだよ」

そのセリフは以前にも聞いたことがある。しかし、私はまったく信じなかった。実体が思考に勝てるはずがない。だが、たぶん私は間違っていたのだろう。

彼はかまわず説明を続けた。「何を食べるにしろ、私はその前に心の中で食べ物に対して『I love you! I love you! もしも私が、あなたを食べながら気分が悪くなるような何かをこの状況に持ち込もうとしているとした場合、それはあなたのせいじゃありません！　もちろん、私のせいでもありません！　私が責任を負おうとするあまりに引き金を引いてしまった何かのせいなのです』と唱えるんだよ。そうしてから私は食事を楽しむ。なぜって、それはもう清められたんだから」

改めて彼の洞察には驚かされ、目からウロコが落ちた気がした。健康問題や食品の危険性について、たっぷり時間をかけて読んだり調べたりしてきたせいか、私はなんでもないハンバーガーでさえ楽しめないほど、誇大妄想的になっていたのだった。ならば、私も清めることにしよう。

メニューが届くと、私たちは勇んでかぶりついた。

「このハンバーガーはいままで食べた中で一番だよ」彼は声を上げて言った。よほど気に入ったのか、自らコックを呼びに行って感謝の言葉をかけたほどだ。当然、自分の作るこってりした脂っぽいバーガーを褒める人になど慣れていないコックは、言葉を失っていた。

私とて、そうだった。

ヒューレン博士を私の家から専用ジムに案内する段になって、私は固唾《かたず》を呑んでいた。私はジムに葉巻を常備していた。午前に体を鍛え、午後に葉巻を吸うなんて、さぞ矛盾していると思われるだろうが、仕方がない。それが習慣なのだ。とはいえ、ヒューレン博士は私の喫煙癖についてきっと小言を言うに違いない。それを私は心配していた。

さまざまなタイプの機具や、壁に飾った有名なボディービルダーの写真、フィットネスコンテストでもらった賞状などを次々と紹介する間も、私は彼がベンチの上の葉巻の存在に気づかないように気を遣った。しかし、その努力は報われなかった。

「これは何だね？」

「葉巻です」私はため息をついた。

「君は体を鍛えながらタバコを吸うのか？」

「い、いいえ、午後にちょっと吸うだけですよ」私は言い訳をした。「瞑想のためなんです。デッキに座って葉巻をくゆらせていると、人生のありがたみが身に染みましてね」

彼はしばらく沈黙に沈んだ。私は覚悟した。きっと彼は、ありとあらゆる統計学理論を声高に持ち出して、喫煙が体に悪いことを指摘するに違いない。やっと彼が口を開いた。

「すばらしいことだと思うね」

「はぁ？」

「あのパノスに乗って葉巻を吸うほうがいいとは思うがね」

「どういうことです？　葉巻を手に持ってフランシーヌの前で写真でも撮れと？」

「それも悪くないが、〝彼女〟を磨いて埃を払ってやりながら一服するといいんじゃないかな」

「私は、あなたがタバコを吸う私をバカにするんだとばかり思ってました」思い切って言ってみた。「私のブログのある読者などは、私が葉巻のことに触れただけで、書いてよこしましたよ。私が毒を体に取り入れていて、そのうち健康を害するとね」

「どうやらその人は、ピースパイプを回して吸うアメリカンインディアンの習慣を聞いたことがないようだ」彼は言う。「あるいは、多くの部族で喫煙が心を通じ合う儀式であり、家族同然に団結して物事を共有する方法だということを知らないんだろう」

またしても私は、ヒューレン博士を理解するカギがすべてを愛することだという事実を思い知らされた。愛すれば、それは変わる。喫煙が悪いことだと思えば、それは体を蝕《むしば》んでいく。ハンバーガーが健康に良くないと思えば、それは良くないのだ。古のハワイの伝統にあっては、すべてが思考から始まり、そして偉大なるヒーラーは愛なのだ。

やっと、彼のことを理解できるようになった気がした。そうでなければ、ゼロ・リミッツ状態に至るなど覚束《おぼつか》ない。

しかし、誰しもが私と同じように感じるとは限らないものだ。

以上に述べたヒューレン博士との体験を、ある夜の公開テレビセミナーで語ったときのことである。聴衆は熱心に耳を傾け、盛んに質問した。私の説明に納得している様子だった。ところが驚いたことに、閉会の声がかかったとたん、彼らはごく当たり前の考え方に戻ってしまったのだ。全員が、自分たちの人生に一〇〇パーセントの責任を負う必要があることに同意したはずだったのに、彼らはまた他人のことばかりを話していた。私がヒューレン博士に教わった清めの方法がいかに強力かを納得したはずのくせに、彼らはまた古い習慣に逃げ込んでしまったのだ。

ある人などは「『I'm sorry.』とは言いたくありません。なぜなら、私は『I am』の後に何かを続けた言葉通りになってしまうんですから」

それは単なる思い込みにすぎない。思わず口から出そうになった。「だから、それを清めればいいんです」。だが、実際にはこう言うしかなかった。「ヒューレン博士はおっしゃっています。何であれ、ご自身のためになることをしなさいと」

最初のうちはそれに苛立っていなかったと言えば嘘になる。しかし、しばらくして気がついた。私こそがここで清めなければならなかった。そう、私が体験したことに一〇〇パーセントの責任を負うのであれば、私はまさに彼らを体験しているのだから。そして、仮にも「I love you.」が唯一の清めのツールだとしたら、私は私が彼らの中に見るものを清めなければならない。それが私自身の中にもあるものだとして。

これは、〈ホ・オポノポノ〉を理解する上で最もむずかしい部分なのかもしれない。外側には何もない。すべては自分の中にある。体験するものが何であれ、それは自分自身の中で体験していることに他ならないのだ。

この問題に関して、ある人から意地悪い質問が飛んできた。「例えば、私が嫌いな大統領を五〇〇〇万の人々が支持した場合はどうなるんですか？　私にはどう考えてもどうすることもできない！」

「あなたはどこでその五〇〇〇万人を体験するんですか？」私は訊ねた。

「どこで彼らを体験するって、それはどういう意味です?」彼は反発する。「新聞で読むんですよ、テレビで見るんだ。彼らが支持投票したことは事実なんだから」

「そうじゃなくて、その情報をあなたはどこで体験するかということです」

「頭でですよ、ニュースとして」

「つまり、あなたの中で、ということですね?」

「それはその、私の中でその情報を処理、咀嚼するってことならそうですが、でも彼らは私の外にいるんだ。私は自分の中に五〇〇〇万の人なんか持ってませんからね」

「実際には、持っているんです」私は言った。「あなたは彼らをあなたの中で体験する。つまり、あなたがあなた自身の内側を見ない限り、彼らは存在しない」

「でも、私は現に外で彼らを見ている」

「あなたはご自身の中で彼らを見ているんですよ。あなたが処理するものはすべて、あなたの中にある。処理しなければ、それは存在しないということです」

「それって、森の中で木が一本倒れてもそこに誰もいなければ気づかない、とかと同じこと?」

「まさしく」

「そんなばかな」

「そうでしょう」私は言った。「でも、そういうことなんですよ」

私はもう少し彼を試してやろうと思った。「教えてください。あなたは次に何を考えるんでしようか？」

彼はしばらく押し黙った。何とか答えをひねり出そうとしたようだったが、果たせないことに気づいたらしい。

「次に何を考えるかなんて誰にも予測できない」私は続けた。「思いついたら言葉にできなくもない。しかし、その考え自体はあなたの無意識から湧き上がってくるものです。あなたにはそれをコントロールするすべがない。唯一の選択肢は、その考えが浮かんだら直ちに行動するか否か、それだけだ」

「おっしゃってることがよくわかりません」

「考えがひらめいたら、あなたは何を何度行ってもかまわない。ただし、それはあなたの無意識から発生したものだということです。より良い考えを得ようとして無意識を清めるには、何か別のことをしなければならない」

「例えば？」

「そうですね、私はこのことを一冊の本に書くつもりです」つまり、この本のことだ。

「で、それが〝その辺にいる〟五〇〇〇万人の話とどう関係するんです？」

「あなた自身のお考えにあるほどには、彼らはもはや〝その辺には〟いませんよ」私は言った。

「全員あなたの内側にいるんです。あなたはただ、あなたの心の中のプログラムをしまいこんだ貯蔵庫を空っぽにするだけでいい。そうすれば、湧いてくる考えもより前向きで、生産的で、愛すべきものにすらなるはずです」
「私にはまだ、すべてがばかげているとしか思えない」彼は言った。
「私がそれを清めましょう」私は答えた。

どうやら彼には理解してもらえなかったようだ。しかし、私がゼロ・リミッツに至るには、彼が理解できなかったことに全幅の責任を負わねばならない。彼の記憶は私の記憶だ。彼のプログラムは私のプログラムなのだ。彼が私にそのことをいみじくも言葉にした厳然たる事実こそ、私がそれを彼と共有することを意味している。ゆえに、私がそれを清めれば、彼も清められる。

これを書いているいまも、私は私の考察の中で、言葉の裏側で、タイプする動きの陰で、コンピューターの向こうで、舞台の幕間で、「I love you.」と唱え続けている。仕事、執筆、読書、気晴らし、おしゃべり、あるいは思考しながら、私が「I love you.」と唱えるのは、私とゼロとの間にある何もかもすべてを、ノンストップで清め、消去し、クリアにする試みなのだ。

さて、あなたは〝この愛〟を感じていますか?

ある朝のこと、ヒューレン博士が四葉のクローバーを象ったロゴが見えたと言った。
「四つ目の葉は金色をしている。ちょうど、バッジのピンみたいに」
数分かけて、彼は心の中か中空に見えたものを私に説明した。その〝イメージ〟を彼はどこから得たのだろうか。私にはどうにもわからなかった。

「このロゴをスケッチするアーティストを見つけなくちゃね」と彼は言った。

後刻、私たちは市内に散歩に出かけた。ランチをとり、それから店を何軒か訪れた。最初に入った店にステンドグラスの装飾品があった。揃って気に入った私たちが、店長の手工芸品を褒めそやすと、彼女はこう言った。

「もし、ロゴやスケッチがご入用でしたら、お役に立てますが」

ヒューレン博士がニヤリとして私のほうに肩を寄せ、私もニヤリとして彼のほうに肩を寄せた。ゼロからの授かりものとは、共時性が起きるということなのだ。

本書のこの部分を書いていた頃、私は新たな映画用のインタヴューを受けることになって、一時中断を強いられた。『ザ・シークレット』の内容と似てはいるが、特に思考と健康になることの相関関係に焦点を当てた映画である。私はインタヴューの出だしで、考えることは考えないことほど重要ではないと述べた。そして、ゼロ・リミッツ状態にあるということは、神に癒しを委ねることであって、自分が自分を癒すことではないのだと。どうしてそんなことを言ったのか、我ながらよくわからない。私の中の何かが私の正気を質《ただ》そうとしたのだろうか。いずれにせよ、私はなるがままに任せた。

カメラのスイッチが切られたとたん、参観していた女性が出し抜けに、ほとんど口走るようにこう言った。「私もゼロ状態に入ることによって人を癒すんです」

聞けば、彼女は医師で、現在は「何も考えないゼロ・リミッツ状態に入って」病気の動物を直接治していているのだという。彼女は白内障に罹った犬たちの写真を取り出し、その後で完璧に治癒した彼らの写真を私に見せてくれた。

改めて思う。神は、私ではなく、自らが全能の力を持っていることを証明しようとしたのだ。私はただ清めるのみ。それでこそ神の声が聞こえ、従うことができる。

昨夜、一時間半を費やして、あるベストセラー作家の自立推進導師と電話で話をした。私は彼の長年のファンだ。彼の本はすべてすばらしい。彼のメッセージの追っかけだと言ってもいい。彼も私の仕事を評価してくれていて、こうしてやっと連絡が取れて話す機会を持てたというわけだ。ところが、彼が明らかにした内容を耳にして私は仰天した。

この、自己啓発のエキスパートが語ったこの二年間の実話は、まさに背筋がぞっとするものだった。敬愛する人物に不当に差別され、罵倒までされたというのである。話を聞きながら私は呆然とするばかりだった。いったい、彼はどうして、人生に責任を持つことについてのメッセージを公にして酷《ひど》い目に遭ったと、自ら言えるのだろうか、と。

なるほど――どうやら（私自身を含む）生き方を伝授する専門家たちでさえ、自分たちがしていることがよくわかっていないらしい。ジグソーパズルのピースがまだ欠けているのだ。これまで彼らがやってきたことが、この先もずっと、どんな人にも効果があると思い込んでいる。しかし、人生なんてそんなものじゃない。我々は皆一人ひとり違うのであり、人生とは常に移ろいゆくものである。わかってしまったと思ったが最後、人生に新たな捩《ねじ》れが生じ、再び手から擦り抜けていってしまうのだ。

ヒューレン博士の教えは、すべてを神の手に委ね、神の声を聞く過程で表面化するすべての思考、体験を、絶えず清め続けることにある。この継続的な努力によって、我々は我々にまとわりつくプログラムを解消し、楽に、かつ思慮深く、より良き人生をコントロールすることが可能になるのである。

件の作家が物語る苦悩の軌跡を聴きながら、私は静かに胸の内で、神に向かって「I love you.」と唱え続けた。語り終えた頃の彼の声は、ずっと明るく、楽しそうですらあった。

ヒューレン博士は絶えず、私や誰に対しても「神とはコンシェルジェなどではない。頼りにしてはいけない。あなたはただ清めるのみ」だと強調する。

ヒューレン博士と過ごす時間はとてもためになる。彼は決して私の質問を迷惑がらない。ある日、私は、もっと進化した清めの方法がないのかと訊ねてみた。彼はもう二十五年以上、〈ホ・オポノポノ〉を実践し続けているのだ。必ずや、「I love you.」以外の記憶消去法を開発し、あるいは会得しているに違いない。

「最近、どんなことを清めてるんですか？」

彼はいたずらっぽく笑った。「神を殺すこと」

耳を疑った。

「神を殺すですって？」いったいどういう意味なんだ？

「霊感ですらゼロ状態から取り除かれた一ステップにすぎない」彼は説明する。「私は、神を殺して家にたどり着くよう言われている」

「でも、どうやって神を殺すんです？」

「清め続けるのさ」

いつも、常に、変わりなく、ありとあらゆる傷を癒す唯一無二のリフレインに修練し続けるのだ。「I love you, I'm sorry, please forgive me, thank you.」

二〇〇六年の終わり頃にポーランドのワルシャワを訪れていたとき、私はゼロ・リミッツとゼロ状態の考え方を聴衆に紹介しようと心に決めた。二日間、精神療法マーケティングと私の著書について話をした後のことである。聴衆は先入観もなく、親切で、懸命に学ぼうとしていた。そこで私は彼らに伝えたのだ。ここにいる私が彼らと何を共有しているのか、彼らが自分の人生におけるすべてに対して責任があること、すべてを癒す方法とはただ「I love you.」と唱え続けること。

聴衆は通訳の助けを必要としながらも、私の一言一句を聞き漏らすまいとしていた。すると、ある人が興味深い質問をした。

「このポーランドに住む人々は、終日神に祈りを捧げ、教会にも足を運びます。それなのに、私たちは戦禍《こうむ》を被り、街はヒトラーによって爆撃されました。何年もの間、戒厳令下で暮らし、苦しんできました。どうして祈りは通じなかったのでしょうか。そのハワイ式とどこが違うのでしょうか」

私は適切な答えを探すためにしばらくポーズを置いた。内心でヒューレン博士がそばにいてくれたらと思いながら。まもなく私はこう答えた。

「人は口で言うほどには心から感じていないものです。ほとんどの人は、祈りながらもその声が届いて救いの手が差し伸べられるとは信じていません。たいていの人は絶望に際して祈ります。それでは、その場の感情をさらに引き寄せてしまうことになる。つまり、さらなる絶望です」

質問者は納得した様子で私の回答を受け容れたように見えた。頷いていた。しかし私は合衆国に戻るなり、ヒューレン博士にメールで打診してみた。彼ならどう答えただろうか、と。彼は次のような返信をよこした。

Ao Akua

何であれ、君の質問によって私が体験し始めたことを清める機会をくれてありがとう。

二年前、スペインのヴァレンシアで開いた教室に一人のアメリカ人女性が姿を見せました。「私の孫がガンに罹ってしまいました」休憩時、彼女は私にそう言ってすがってきました。「私は祈りました。この子を死なせないでって。なのに死んでしまった。どうしてなんですか？」

「あなたは間違った人のために祈ったのです」私は言いました。「あなた自身のために祈ればよかった。お孫さんが病に倒れたというあなたの体験によって、あなたの中に起きていたことの許しを求めてね」

人は自分自身を、自分の体験の源だと理解しない。祈りが、懇願者によって懇願者の中で起きていることに向けられることなど、めったにないことなのです。

Peace of I,
イハレアカラ

どこまでも率直な彼の返答にはほとほと感心する。ここでもまた、彼のテーマは「我々の外には何一つない」である。祈る人々はほぼ例外なく、自分たちには何の力も責任もないように振舞う。しかし、〈ホ・オポノポノ〉にあっては、誰もが全幅の責任を負うのである。〝祈り〟とは、それが何であれ、あなたの内にあって外部の状況に影響を与えるもののために許しを請うことなのだ。祈りは神に再結合する。あとは神があなたを癒すと信じるだけだ。あなたが癒されれば、外部も癒される。すべては、例外なく、あなたの内にある。

ラリー・ドシーはその著書〝Healing Words〟で次のように述べている。「いまこそ我々は思い起こす必要がある。絶対不変のものへの架け橋として機能する祈りに、失敗という等級などあり得ない。この認識に気づかないという過ちを犯さない限り、それはいつ何時でも一〇〇パーセントの効果を及ぼす」

一つ、ヒューレン博士と仕事をした上で困ってしまったことがある。

成長して洞察力を身に付けていくにつれて、私のこれまでの著書の内容がすべて間違っていて、人々をミスリードしてしまっていたのではないかと不安になったのだ。例えば、私は〝The Attractor Factor〟で意志の力を賞揚した。この本を書いてから何年も経ったいま、私は意志とは愚か者の所業であって自我の玩具だと知り、力の真の源泉は霊感だと認めている。さらに、人生と仲良く付き合うことこそ、幸福への大いなる秘訣であり、人生をコントロールすることではないとも理解するに至った。かつての私を含めた多くの人々が、世界を我が手で操作することを夢み、肯定している。そんな考え方はもはや無用だ。流れに身を任せながら、何が起ころうと絶えず清めていればいいのである。

ネヴィル・ゴダードもきっと同じ心境だったに違いない。ネヴィルは私のお気に入りの神秘主義作家だ。彼の初期作品のテーマは、「事実に感じ入ること」を振り返ることによって自分なりの現実を創造することだった。彼はそれを、“The Law and the Promise”などの中で、「法則」と呼んでいる。「法則」とは、感受性でもって世界に影響を与える能力のことを指し、「The promise（約束）」は自らのために神に明け渡すことを指している。

キャリアを始めた頃のネヴィルは、彼が呼ぶところの「覚醒した想像力」でもって人々に欲求を満たす方法を教えた。この言葉はネヴィルが特に気に入っていたフレーズ「想像によって現実は創られる」を端的に表したものだ。後年私が改訂の任に当たった彼の処女作“At Your Command”では、世界はまさに「君の思うがまま」だと主張した。曰く「神聖なるものもしくは神に望みを告げれば叶う」。しかし、晩年、つまり一九五九年以降のネヴィルは、すでにより大いなる力に目覚めていた。「なるがままに委ね、神が人を通じて操作するに任せよ」

問題は、自動車メーカーが欠陥車をリコールするようには、初期の著作を彼がリコールするわけにはいかなかったことである。その点について彼の名声が傷ついたかどうかは定かではない。多分そうはならなかったと、私は思う。彼は初期の著作を引き上げることはなかった。なぜなら、「法則」は人々が人生の荒波を乗り越えるに当たって有用だと考えたからだ。しかし、私の場合はリコールすべきだと思った。人々をミスリードすることになると感じた。そのことについて、ヒューレン博士には、私が世界に害を為していたと思わずにはいられないと述べた。

「君の本は踏み台《ステッピング・ストーン》みたいなものだ」ヒューレン博士は説明した。「人は生きていく上でさまざまな段階《ステップ》を踏む。君の本はそのどれかの段階にいる人々に語りかける。その本を読んで成長した彼らには、次の本を読む心構えができる。君の本をリコールする必要なんてさらさらない。すべて完璧だよ」

私の本、ネヴィル、ヒューレン博士、そして過去、現在、来るべき読者のすべてを考えるとき、私にできることはただ一つ、「I'm sorry, please forgive me, thank you, I love you.」と唱えるだけである。

クリーン、クリーン、クリーン。

舞台裏の真実

The Truth Behind the Story

それがあなたの過ちではないとしたら、あなたの責任である。

——ジョー・ヴィターリ博士

ヒューレン博士とはまだ終わっていなかった。私はまだ、例の精神病院で彼が果たした仕事を完全には確かめていない。

「患者に会ったことは一切なかったと?」ある日私は改めて訊いてみた。「まったく?」

「廊下で会ったことくらいならあるが、オフィスで患者としての彼らに会ったことは一度もない」彼は言った。「一度、そのうちの一人に会ったときに言われたものだ。『おれはあんたを殺そうと思えばできるんだぜ』とね。私はこう返したよ。『きっと君は、もっと他にいい仕事だってできると思うがね』」

ヒューレン博士はさらに言い及んだ。「私が精神を病んだ犯罪者たちを収容する州立病院で働き始めた頃は、毎日のように患者間で三つや四つの暴力沙汰が起こっていた。当時はざっと三〇人ほどの患者がいたっけね。手かせ足かせをはめられ、隔離され、もしくは病棟に縛り付けられていた。医師や看護師たちは、襲われるのを恐れて、壁を背にして廊下を歩いていた。それが、ものの二カ月ほど清めを行った後には、すべてがより良い状態に変わっていた。もはや手かせ足かせも、隔離もない。自由に病室を離れて労働やスポーツを楽しんでいた」

しかし、彼はそんな変革をもたらすに当たって、正確に何をしたのか。

「私は、私の外側にある問題を顕在化するために、私の内側で責任をまっとうしなければならなかった。私自身の有害な考えを清め、それらを愛に置き換えた。患者たちには何一つ過ちはなかった。過ちは私の内にあった」

患者たちはおろか病棟そのものにすら、愛を感じなかったという。だから、彼はすべてに愛を注いだ。

「壁を見たら、塗装が必要だと思った。ところが、どんな新品のペンキもくっつかない。すぐに剝がれ落ちてしまうんだ。そこで私は壁に向かって愛していると言った。しばらく経ったある日、誰かが塗ってみたところ、今度は定着した」

奇妙な話だとしか言いようがない。しかし、私は彼のこの手の話には慣れっこになっていた。

そして私はついに、何にも増して気になっていた質問を投げてみた。

「その患者たちは全員、退院が許されたんですか？」

「二名を除いてね」彼が言う。「その彼らはどこかに移送された。それ以外は、病棟全体が癒された」

そして彼は、これまで彼が行使してきたパワーを後に私が真に理解するに至る、あることを口にしたのである。

「当時のことをもっとよく知りたければ、オマカ・オーカラ・ハマグチに手紙を書いてみなさい。私がいた頃にソーシャルワーカーだった女性だ」

私はそうした。そして彼女は、次のような返事をくれた。

親愛なるジョー

お手紙感謝します。

まず、この手紙をエモリー・ランス・オリヴェイラの協力をいただいて書いていることをお断りしておきます。この方はヒューレン博士とともにユニットで働いていたソーシャルワーカーのお一人でした。

私は、当時ハワイにある州立精神病院で新たに開設された犯罪法医学ユニットのソーシャルワーカーとして着任いたしました。同ユニットは独立集中セキュリティーユニット（CISU）と呼ばれていました。殺人、レイプ、暴行、窃盗、婦女暴行、もしくはそれらの重犯に問われ、加えて深刻な精神錯乱状態にあると診断ないしは推量された囚人患者たちを収容するユニットのことです。

中には、心神喪失を理由に有罪とは認められないまま収監された患者や、訴訟に適合する（告訴事由を理解し、自己の弁護に参加する能力）かどうかの検査・査定のために連れてこられた患者もいました。統合失調症、躁うつ病、知的障害の者もいれば、精神病質《サイコパス》ないしは社会病質《ソシオパス》を患っている者もいました。また、以上のどれかもしくはすべてだと裁判所に認めさせようとしていた者もいました。

全員がユニット二四／七内に拘束され、解放が許されるのは医療もしくは裁判のための面会時のみ、それも手首と足首に拘束具を付けられてでした。ほとんど終日、彼らは隔離病室――コンクリートの壁と天井に囲まれ、窓一つなく、バスルームも鍵付きの部屋で過ごしていました。ほとんどの患者が重度の薬剤投与を受け、運動機会も著しく限られていました。

〝事件〟は予想に違《たが》わず頻繁に起こっていました――患者によるスタッフ襲撃、患者による患者襲撃、患者自身への暴行、脱走未遂。スタッフ間の〝事件〟もまた問題でした――患者の不当操作、ドラッグ、病気欠勤、労働者補償問題、スタッフ間の軋轢、心理学者、精神科医、管理者の頻繁な人事異動、配管・電気系統のトラブル、などなど。それはもう、酷い、危なっかしい、気の滅入る、荒廃した環境でした。植物でさえ育たなかったほどです。

そして、新たに再開発された土地に移転してからも、フェンスで囲まれたリクリエーションエリア付きで以前よりはるかに脱走の恐れもないはずにもかかわらず、誰一人として何かが変わるとは期待していませんでした。

だから、〝また一人新たな心理学者〟がやってきたときも、どうせ到達水準のプログラムを行使するだけで問題をかき回したあげく、あっという間に去って行くに違いないと高を括っていたのです。

ところが、そのときやってきたヒューレン博士なる人物は、妙に人なつっこい以外、ろくに何もしていない様子でした。評価もしない、査定もしない、診察もしない。セラピーらしきこともせず、心理学的な実験も行わない。よく遅刻する。症例会議にも出ない。義務付けられている記録保存にも手を貸さない。やっていることと言えば、〝妙ちくりん〟なセルフ・アイ＝デンティティー・ホ・オポノポノ（SITH）とか何とかの訓練で、彼が言うには、それは自分自身に一〇〇パーセントの責任を負い、自分だけを見つめて自分の中のネガティブで不要なエナジーが取り除かれるに任せる方法なのだとか――はぁ？　何のことだか。

何が一番奇妙だったかと言えば、この心理学者ときたら、いつものほほんとしていて心から楽しんでいる様子だったこと！　よく大声で笑い、患者やスタッフと戯れては、楽しくてしょうがないといった風情だったのです。おかげで誰もが彼を好きになって面白がる始末。ろくに仕事をしている様子がないにもかかわらずにです。

そして、何かが変わり始めた。隔離病室が見違えるようにきれいになり、患者たちが自分たちの用事とお勤めに対して自覚を持つようになったのです。彼らはさらに、自分たちのためのプログラムやプロジェクトの企画・実行にまで参加し始めた。投薬のレベルもぐんと落ち、患者たちは拘束具なしでユニットの出入りを許されるようになったのです。

がぜん、ユニットは生き生きとしてきました——穏やかで、明るく、危なげなく、清潔で、活気に満ち、楽しく、生産的にすらなった。植物が育ち始め、配管トラブルも嘘のようになくなり、ユニットでの暴力事件も稀になり、スタッフたちも心を通じ合い、リラックスして、そして熱心になった。病気欠勤や人員不足どころか、その頃には人員過剰と受け持ちを失うことが関心事となっていたのです。

いまでも忘れられない、ひときわ衝撃的な事件を二つ、お話ししましょう。

一人、きわめて欺瞞《ぎまん》的で偏執的な患者がいました。院内外で公然と何人もの人々を手ひどく傷つけた暴力歴を持ち、あちこちで入退院を繰り返してきた札付きの男でした。今回、CISUに殺人の罪で送られてきた彼には、私もぞっとして怖気《おじけ》づいてしまいました。彼が近くにいると思ったとたん、うなじの毛が逆立つような気がしたほどでした。

それが、驚いたことに、ヒューレン博士がやってきて一、二年経った頃だったでしょうか、拘束具なしで私のほうに近づいてくる彼を見つけても、うなじがちっともぞくぞくしないのです。まるでただ、特に意識もしないうちに気づいただけといった感覚でした。肩と肩が触れそうなほど近くですれ違ったにもかかわらず。いつでも逃げられるようにという、私のいつもの心構えすら浮かばなかった。事実、彼の表情はとても穏やかだったのです。当時の私はもはやそのユニットでは働いていなかったのですが、この事実から目を背けるわけにはいきませんでした。そうです。彼はすでに、折に触れて隔離状態や拘束具から解放されるようになっていた。

そして、その唯一の種明かしこそ、何人かのスタッフがヒューレン博士直伝の〈ホ・オポノポノ〉を実践していたことだったのです。

もう一つのほうは、私がテレビでニュースを見ていたときに起こりました。その日は、リフレッシュのためにお休みをいただいて家でのんびりしていたのです。ニュース映像に映っていたのは、三、四歳のいたいけのない少女を暴行して殺害したＣＩＳＵの患者が裁判所に出頭している姿でした。この患者というのは、訴訟審判を遂行するには精神的に不適切と判断されたために入院していたのですが、数名の精神科医や心理学者による検査・査定の上で、夥《おびただ》しい症例診断がなされ、おそらくは心神喪失を理由に有罪を免れる（ＮＧＲＩ）ものと思われていました。投獄の必要もなく、拘束性の緩い州立病院で更生措置を受けさせれば、条件付きで釈放もあり得るという見通しでした。

ヒューレン博士がこの患者に働きかけた結果、彼はＳＩＴＨプロセスを学ぶことを願い出、聞けば訓練に対して、海兵隊員だった当時さながらに、非常に粘り強く澱みのない態度を示したといいます。そしていま、彼は精神面で適正と判断され、裁判で抗弁を申し立てることになったのです。

たいていの患者やその弁護士がこれまでＮＧＲＩを盾に抗弁し、もしくは常にその意図を持っていたのとは違って、彼はそれを拒みました。出頭前日、弁護士を解任。当日午後の法廷では判事に向かって起立し、遺憾の意を示しながら謙虚に申し立てたのです。「罪を認めます。申し訳ありませんでした」。誰も予想だにしないことでした。判事でさえ、目の前で目撃した事実を理解するのにしばらく時間がかかったほどでした。

ヒューレン博士とこの男性とともに、一、二度、テニスに興じたことがあった私は、そのとき彼がとても礼儀正しく思慮深かったこともあって、私なりの予想はしていたのです。しかし、現実に〝その瞬間〟を目にしたときは、思わず彼に対して優しい感情を抱かずにはいられませんでした。法廷全体にも大きな変化の波が広がったように感じました。いまや判事と検察官の声にも優しさが宿り、周囲で彼を見つめている全員が穏やかな微笑みを湛《たた》えていました。心地よい瞬間でした。

だから、とある日の午後、ヒューレン博士がテニスのあとで誰か〈ホ・オポノポノ〉を学びたい人はいないかと呼びかけたとき、私は小躍りしたのです。テニスの試合が終わるのをいまかいまかと待ちながら。

それからもう二十年近く経ったいまも、私はまだ、ハワイ州立病院でヒューレン博士を通して学んだ神格の作用に畏怖を禁じ得ません。ヒューレン博士と、彼が携えてきたあの〝妙ちくりん〟なプロセスには、とめどなく感謝しております。

ちなみに付け加えさせていただければ、例の患者はつつがなく有罪となり、判事よりある意味での報奨として、本人の希望通り、彼の妻と子供たちが暮らす故郷の州にある連邦刑務所で服役しております。

また、当時からほぼ二十年の月日を経たにもかかわらず、今朝方、ユニットの元事務長から電話があり、いまではほぼ全員引退しているかつてのスタッフ何名かと〝同窓会〟を近く開こうと思うのだが、ヒューレン博士の都合を知りたいのだ、とのことでした。どうやら、この二週間内外にもそれが実現することになりそうです。

いったいどんな集まりになることやら。さらなる物語にしっかりアンテナを立てておこうと思う次第です。

Peace,

O.H.

なるほど。いやはや、ヒューレン博士はまさにあの病院で奇蹟を起こしたようだ。愛と許しを実践、駆使して、救いがたく、さまざまな意味で社会から放逐されたと思《おぼ》しい人々を〝変質〟させた。

これこそが愛の力でなくて何だ?

もちろん、私はまだまだ知りたかった。

脱稿した本書の第一稿《ファースト・ドラフト》を、監修のためにヒューレン博士に送った。正確に内容をチェックしてもらいたかった。例の精神病院時代の物語に何らかの穴があれば埋めてもらわねばならない。

届いてから一週間後、彼は次のようなメールを送ってよこした。

Ao Akua

いまから述べることは君と私の間だけのことで他言無用に願います。"Zero Limits"第一稿を読ませていただきました。以下以外にも指摘しておきたいことがいくつかあるが、それはまた改めてメールで。

「終わりましたね」モーナはまったく平静にそう言った。

「終わったって何が？」と私。

「あなたとハワイ州立病院のことですよ」

一九八七年七月、その夏の日の彼女のコメントの意味するものを察しながらも、私は言った。「二週間前には告げておかねばならないんです」

もちろん、私はそうしなかった。その必要があるとも思わなかった。そして、病院の誰一人として、そのことを口にしなかった。

私の歓送会に招かれたときでさえ、病院には戻ることはなかった。我が友人たちは、主役のいない歓送会を開いた。歓送記念品はパーティー終了後に「Foundation of エ」のオフィスに送られてきた。

ハワイ州立病院・犯罪法医学ユニットでの滞在は実に楽しかった。病棟の人々も愛しかった。ある時点から、いつ頃だったかは忘れたが、私は職業心理学者から家族の一員になっていた。

三年間、病棟内で出会ったり出会わなかったりのスタッフ、患者、運営管理員、警官、排他的なグループとも、一週間に二十時間、親しく付き合った。

隔離病室、金属製拘束具、薬品投与、その他の統制手段が、日常的に管理方法として許容されていたときも、私はそこにいた。

ある時点から隔離病室と金属製拘束具がいつの間にか消滅したときも、私はそこにいた。いつ？　誰にもわからない。

肉体的、口頭での暴力がほぼ完全に消えたときも、同じ。

投薬の減少もいつの間にか発生した。

ある時点から、いつ頃かはわからないが、患者たちは拘束具や医療的認可を必要とせずに、ユニットを出てリクリエーションや労働活動を行った。

欠陥だらけで不自然な病棟から温和なそれへの変質は、特に意識的な努力もなく発生した。

慢性的にスタッフ不足の病棟から〝過剰状態〟への変質も、ごく自然に起こった。

よって、病棟内の私は近しく活動的な家族の一員だったことを強調しておきたい。

決して傍観者ではなかった。

そう、私はまったくセラピーを施《ほどこ》さなかった。心理学的実験もしなかった。スタッフミーティングにも出なかった。患者についての症例会議にも参加しなかった。

ただし、病棟での労働作業には個人的に関わった。

初の病棟内労働プロジェクト――販売用のクッキーを焼くこと――が実現した現場に、私は付き合った。初の病棟外プロジェクト――洗車――にも関与した。初の病棟外リクリエーションプログラムがスタートしたときも然り。

職業心理学者御用達の役目を果たさなかったのは、それが無用だと考えたからではない。単に、何であれ理由不明の場合に、そうしなかっただけのことだ。

しかし、病棟内を歩き回り、クッキーを焼くのを手伝い、病棟外のジョギングやテニスに付き合った。

そして何よりも、三年間毎週のように、病棟を訪れる前、訪れている間、訪れた後に清めを行った。毎朝と毎夕、そして病棟について何か気になったとき、それが何であれ、私の中で起きていることを清めた。

ありがとう。

I love you.

Peace of I,
イハレアカラ

すばらしきは、以上の追加説明。ヒューレン博士の謙虚さを如実に表しているばかりか、病院に雇用されていたときに彼がしたこと、しなかったことがよくわかる。

私は返信に、このメール文を掲載して読者と共有する許可を請う旨をしたためた。彼は一言で送り返してきた。私が予想していた通りの一言――「イエス」。

この、驚《アメイジング》くべき人物から私が学ぶべきことは、まだ終わっていない。私たちは一緒にセミナーの主催を始めることを確認し合い、そしてもちろん、本書を共著にすることも確認した。しかし、少なくともいまの私は、精神を病んだ犯罪者たちを病棟ごと癒すのに彼がどう力を尽くしたかについての物語を、完了しなければならなかった。彼はいつもの通りにやった。彼自身に働きかけることによって。そして、彼自身に働きかける方法に必要なのは、三つのシンプルな言葉「I love you.」である。

むろん、それはあなたや私にもできるプロセスに他ならない。ヒューレン博士が教えるホ・オポノポノ式セルフ・アイ＝デンティティーの進化形を、三つのシンプルなステップに集約するとしたら、次のようになるだろう。

1 絶えず清める
2 巡ってくるアイディア、機会に行動を起こす
3 引き続き、絶えず清める

これでいい。人類の歴史始まって以来の最短〝成功への道〟とでも言おうか。最も抵抗の少ない行程と言えそうだ。ゼロ状態への最も直截的なルートと言ってもいい。そして、それは、一つのマジカルなフレーズ「I love you.」で始まり、終わるのだ。

これこそが、ゼロ・リミッツのゾーンに入る方法である。

そして、そう、I love you.

エピローグ　覚醒への三つのステージ

Epilogue : The Three Stages of Awakening

この地上における私の仕事には二つの顔がある。
一に、改善・修正を施すこと。
二に、眠れる人々の目を開かせること。
その唯一の方法とは、私自身に働きかけることである。

——イハレアカラ・ヒューレン博士

先日、あるリポーターに質問された。「いまから一年後のあなたは、いったいどこまで行ってらっしゃるんでしょうね？」

私はこれまで、達成したい夢をありのままに、このリポーターに伝えてきた。計画を話し、目標を、狙いを語ってきた。書きたい本のこと、やってみたいこと、創ってみたいもの、買いたいもの。しかし、こうしてヒューレン博士とともに成し遂げた仕事がある以上、もはや目標も、狙いも、将来への計画立案も述べることはあり得ない。そこで私は、いまこの瞬間の真実を込めて、彼に答えた。

「それがどこにしろ、いまこのときに想像し得るよりもずっといいことなんてないだろうね」

この言葉は、読者が第一感で受け取る以上に奥が深い。霊感《インスピレーション》が言わせたものだからだ。言った本人の私でさえ驚いてしまったくらいだ。それはまた、ここ最近の私の心の在り処を如実に表していた。私は、次の瞬間よりも、もっと〝この〟瞬間に関心がある。この瞬間に注意を払えば、将来のすべての瞬間がきわめて素敵に見えてくる。ヒューレン博士にも一度言ったように、「この頃の私の意志は、神の意志を全うすること」なのだ。

ほんの数分前、私は例のリポーターの質問と私のインスパイアされた答えを、ある友人に〝中継〟してみたところ、彼は大いに感心していた。二カ月ほど前から私と一緒にホ・オポノポノを実践している彼だから、その究極の真実を理解したのである。

すなわち、自分のエゴとそのエゴが願望するものを解き放てば、より良きもの、神が導いてくれる。

この、新しい私、新しい理解こそが、我が生気のすべてである。もちろん、一夜明けたら発現するようなしろものではない。しかし、「I love you.」以下のフレーズを唱えることによって、私はより深い知覚、いわゆる〝覚醒〟、おそらくは〝啓発〟そのものにまで導かれてきた。そして私は、この覚醒を得るには三つのステージがあると理解するに至っている。それはほぼ、生命のスピリチュアルな旅へ誘《いざな》う地図に等しい。

ステージ1：あなたは犠牲者である

我々は事実上、無力だと感じながらこの世に生を享ける。ほとんどの人はそのままで変わらない。我々はこの世界が、政府、隣人、社会、悪い男たちなどいかなる形を取るにしろ、我々を捕まえにやってくると思っている。我々には何らかの影響力があるとはとても思えない。我々は、この世の大義の〝その他もろもろ〟にすぎない。我々は悩み、不平をこぼし、異議を申し立て、徒党を組んで、我々を支配する者たちと闘う。時折のパーティーを除いて、人生とは、往々にして、つまらない。

ステージ2：あなたはコントロールされている

ある時点で、あなたは、『ザ・シークレット』のような人生が変わるような映画を観るか、"The Attractor Factor"や"The Magic of Believing"のような本を読み、自らの力に目覚める。意志をセットするパワーを自覚する。望みを視覚化し、行動を起こし、達成するために必要な力の存在を知る。次第に何らかの奇蹟を体験し始める。カッコいい成果を体験し始める。こうして、人生とは悪くないものだと考え始める。

ステージ3：あなたは覚醒する

ステージ2以後のある時点から、あなたは自分の意志に限界があることを自覚し始める。新たに得たパワーを総動員してもなお、すべてをコントロールするのは不可能だと悟り始める。奇蹟とはより大きな力に跪いてこそ起こりやすいものだと気がつき始める。あなたはそれに身を委ね始め、そして信じる。一瞬一瞬に神とのつながりを知覚する訓練を始める。巡ってくる霊感を率先して受け容れ、それに従って行動する。選択の自由はあるが人生をコントロールすることはできないと知る。自分にできる最高のこととは、各々の瞬間に折り合いをつけることだと気がつく。このステージに入って、奇蹟は起き、その都度あなたを絶えず驚かせる。こうして、あなたは驚きと不思議と感謝の絶え間ない状態の中で生きる。

私はすでに、このステージ3に入っている。たぶん、あなたもいま現在で入っている。ここまで私にお付き合いいただいたからには、私自身の覚醒についてもう少し説明させていただこう。近いうちにあなたが持つ体験の心構えのために、もしくは、最近体験されたことの理解に、必ずやお役に立てると思う。

私は、ヒューレン博士のセミナーに初めて参加した際、神の姿を一瞬とらえた。それは、私が彼と出会って数日後、他愛もないおしゃべりを止めたときのことだった。私はすべてを受け容れた。そこにはほとんど理解を超えた平穏があった。愛が私のマントラだった。それは、私の脳内でいつも演奏されている歌だった。

ところが、このおぼろな神の姿の一瞥はそれだけでは終わらなかった。ヒューレン博士の存在を私自身の中に感じられるときは、いつも平穏を感じた。きっと、それは音叉のような効果に違いないと思う。彼のトーンが私のそれに共鳴した。それは私に、平穏とのハーモニーをもたらした。

二度目のセミナー受講中、私はいわゆる、心霊的ひらめき《サイキック・フラッシュ》を持ち始めた。オーラを見た。人々の周りに天使を見た。幻影を受け取った。ネリッサの首周りに見えない猫を見たことは、いまでも忘れられない。それを告げると、ネリッサは微笑んだ。幻影が本当だったかどうかはともかく、それはネリッサの雰囲気を変えた。妻の微笑みは光り輝いていた。

ヒューレン博士はよく、人々の頭の上にクエスチョンマークが浮遊しているのを見るという。それは彼に、セミナーでどの人に声をかけるべきかを教えているのだという。見えないシンボルや何かの姿を見るたび、彼はこう言う。「いかれてると思われるのはわかっている。精神科医は、そういうことをのたまわって人を取り込んでしまうのだから」

むろん、彼は正しい。しかし、ひとたび覚醒が起これば、後戻りはできない。我が初の〈Beyond Manifestation〉集会において、私は何人かの〝エナジー場〟を読み取った。彼らは呆気に取られていた。あえてそれを天賦の才能などと言わないのは、それが一つの始まりにすぎないからだ。いままで未使用だった私の脳の一部にスイッチが入って火が灯《とも》ったのだ。いま、私の目にはそれが見える。ヒューレン博士にはこう伝えた。「何もかもが私に話しかけているみたいなんです。すべてが生きているようだ」。彼は訳知り顔で微笑んでいた。

第二回〈Beyond Manifestation〉集会を開いた頃には、また一つ〝サトリ〟を体験していた。それは〝啓発〟の一瞥、神の味わいだった。それはまるで、窓がスライドして開けられたような、その瞬間、生命の源に溶け込むような感覚だった。異星から来た花を説明するほどに、それを口で言い表すのはむずかしい。しかし、それを見ることで、私は消滅し、私を変質させたゼロ・リミッツを体験できた。私はその体験を試金石だと受け取っている。呼び戻すこともできれば、それに帰ることもできる。あるレベルにおいて、これはすばらしい。至福に戻る際の私のチケットとして。しかし、別のレベルにおいては単なるもう一つの記憶にすぎない。この瞬間の体験から私を遠ざけるための記憶。私にできることは、清め続けるのみである。

時折、ミーティングの最中、私はリラックスしてわざと眼の焦点を合わせないようにする。そうすると、ある状況の裏側にある真実が見えてくる。まるで時が止まったような、少なくともスローダウンしたような感覚。そこから知覚するのは、底に眠っている人生のタペストリー。ちょうど、絵具のトップレベルを剝ぎ落として下に隠れている名画を見つけるようなものだ。例えばサイキック・ヴィジョン、Xレイ・ヴィジョン、いっそのこと、神の視界とでも呼ぼうか。いや、「ジョー・ヴィタ―リ（Ao Akua）がゼロ状態に掻き消える」とか、「私の眼が知覚した」くらいのほうがいい。そこにゼロ・リミッツがある。とにかく、あるのだ。そこでは一切の混乱はない。すべてが透き通っている。

私はその状態に生きていない。言うところの現実に、また戻ってくる。まだまだ私は努力が足りない。ラリー・キングに「ツイてなかったようだね?」と訊かれて、イエスと言ってしまった。いまでもそうだ。ヒューレン博士は、誰だっていつも悩みは尽きないものだと言う。しかし、ホ・オポノポノは問題解決のテクニックなのだ。「I love you.」と神に唱え続け、清め続けている限り、私はゼロ・リミッツの場所に戻る。

ゼロからのサインを、もしも言葉に置き換えるとすれば、それは「love」だ。だから、「I love you.」をノンストップで唱えれば〝受信〟できる。それを繰り返すことによって、記憶が、プログラムが、信念が、あなた自身の覚醒に割り込んでくる限界が、中和される。清め続けることは、純なる霊感にチューニングし続けること。その霊感に従って行動すれば、想像もしたことがない奇蹟が発現する。続けること。それがすべてだ。

中には、頭の中に響く声のトーンに注意を払えば、霊感の声を感知できると思っている人もいる。ある友人がこんなことを言っていた。「自分のエゴの声と霊感の声との違いならすぐにわかるさ。エゴには切羽詰まったものがあって、霊感のほうはずっと柔らかいからね」

私に言わせれば、それは嘘だ。ざらざらした声も柔らかい声も、所詮はエゴから発した声なのだ。いまこのときでさえ、ここに書かれた言葉を読んでいるあなたは、自分自身に話しかけている。自分が何を読んでいるのかと問いかけている。あなたはその声に感情移入し、それがあなただと考える。でもそうじゃない。神格が、そして霊感が、その声の裏に潜んでいる。ホ・オポノポノを実践し続けるうちに、あなたは何が実際に霊感であって霊感でないかについて、より明快に把握できるようになる。

ヒューレン博士は常に私たちに喚起し続ける。「これは決してファストフード的なヒーリングへのアプローチではない。身に付けるには時間がかかる」

ついでながら、覚醒はいつでも起こり得る。いま、この本を読んでいる最中でさえ。あるいは、散歩中でも。あるいは、ペットの犬を撫でているときでさえも。状況には左右されない。左右するのはあなたの内なる状態だ。そして、すべては一つの美しいフレーズから始まり、終わる。

「I love you.」

付録A ゼロ・リミッツの基本原則

APPENDIX A : Zero Limits Basic Principles

いつも、この時よりいつまでも、とこしえに、平穏を。

Ka Maluhia no na wa a pau, no ke'is wa a mau a mau loa aku.

1 あなたには何がどうなっているかの手掛かりすらない

意識的にしろ無意識にしろ、あなたの中や周囲で起きているすべてを自覚することなど不可能である。あなたの体と心はたったいまこの時も、あなたが自覚することもなく、自らを統制し制御している。そして、電波から思考形式のものに至るまで、大気中を飛び交う無数の見えないシグナルも、意識的に感知することはまったくない。

あなたはまさに、たったいまこの瞬間にも、あなた自身の現実を相互創造しているのだが、それはあなたの認識や制御なしに〝無意識に〟起こっている。それゆえに、あなたは何でも自由にポジティブに考えることができ、かつ、失望する。あなたの顕在意識は創造者ではない。

2　あなたがすべてをコントロールすることはできない

言うまでもなく、起こっている何もかもを知らなければ、そのすべてをコントロールすることなどできない。思うがままの世界を創ろうと考えるのは、単なる自己満足だ。あなたの自我《エゴ》が、いま世界で起きていることをろくに把握できないのであれば、そのエゴにあなたにとってのベストの選択を委ねるのは賢明ではない。

あなたには選択する権利はあっても、コントロールする権利はない。自らの顕在意識を行使して希望する体験を選ぶことはできても、それを証明するか否か、いつ、どうやってかについて考えてはいけない。放棄すること、それがカギである。

3　巡ってくることは、それが何であれ、癒し《ヒール》を施すことができる

状況の如何《いかん》を問わず、人生に巡ってくることはすべて、単にそれがあなたのレーダーにいまかかっているという事実ゆえに、ヒーリングの対象となる。ここで想定すべきは、あなたがそれを感じたときヒールすることができるということだ。他者の中にそれを感じ、かつ、それがあなたにとって悩ましい場合も、ヒーリングの対象となる。

もしくは、かつて人伝《づ》てに聞いたオプラの言葉のように、「見つけたらもうこっちのもの」なの

だ。どうしてそれがあなたの中にあるのか、あるいはいかにして入ってきたのか、あなたには知る由もないだろうが、とにかくあなたは自覚したのだからやりすごせばいい。ヒールすればするほどに、あなたは清められて好みの行動を取ることができる。それで、こびりついたエナジーを解放して他のことのために使えるからだ。

4　体験するすべてに対して、あなたは一〇〇パーセントの責任がある

あなたの人生に起きることはあなたの過《あやま》ちではないが、それはあなたの責任だ。個々に責任を負うという考え方は、あなたの言動、思考を超越している。そこには、あなたの人生に姿を見せる他者の言動、思考も含まれている。人生に現れるすべてのことに全幅の責任を負うということは、誰かが問題を抱えて姿を現したとき、それがあなたの問題でもあるということだ。このことは、何が巡ってこようとヒールが可能だという原則3に直結している。要するに、あなたがいまいる現実のためには誰も、何ものも責めることはできないということだ。できることは責任を負うのみ。言い換えれば、受け容れ、認め、愛すること。巡ってくることをヒールすればするほど、原点と波長を合わせることになる。

5 ゼロ・リミッツへの切符は「I love you.」のフレーズを唱えること

ヒーリングより顕現へと、すべての理解を超えてあなたに平穏をもたらす通行証は、シンプルなフレーズ「I love you.」である。それを神に向かって唱えることで、あなたの中にあるすべてが清められ、いまこの瞬間の奇蹟——ゼロ・リミッツを体験することが可能になる。要は、何もかもを愛すること。無駄な脂肪、習癖、子供や隣人や配偶者との問題、そのすべてを愛することだ。愛はこびりついたエナジーを変質させ、解放する。「I love you.」は、神を体験するための、まさに〝開けゴマ〟なのだ。

6 霊感《インスピレーション》は意志《インテンション》よりも大切である

意志とは心を弄《もてあそ》ぶに等しく、霊感は神からの直接の指令である。ある時点より、あなたは請い求めて待つよりは、跪いて耳を澄ますべしと考える。意志とは、エゴの限られた視界に基づく人生をコントロールしようとすることであり、霊感とは、神からのメッセージを受け取り、その上で行動することである。意志が働けば結果がついてくる。霊感が働けば奇蹟がついてくる。あなたはどちらを選ぶだろうか?

APPENDIX B : How to Heal Yourself (or Anyone Else) and Discover Health, Wealth, and Happiness

付録B あなた自身(もしくは別の誰か)を癒し、健康と富と幸福を見つける方法

ホ・オポノポノには、あなた自身（もしくは別の誰か）の何でも気のついたことを癒すに当たって、証明済みの方法が二つあります。繰り返しますが、他者に見えるものはあなたの中にもあるのです。よって、すべての癒しはセルフヒーリングです。以下のプロセスを行うのは誰でもありません。他でもないあなたです。この世のすべてはあなた次第なのです。

一つは、モーナが唱えた次の祈り。彼女はこれで数千人とは言わずとも数百人の癒しに貢献しました。シンプルだが力強い言葉です。

神聖なる創造主、父でもあり、母でもあり、息子でもある者よ……もしも私が、私の家族が、親類が、そして祖先が、原初の時代より今日に至るまで、思考、言葉、行為、行動において、あなたを、あなたの家族を、親類を、そして祖先の感情を害したのであれば、どうかお許しください……すべてのネガティブな記憶、障害、エナジー、心の迷いが浄化、純化、

解放されますよう、また、これら不必要なエナジーが純なる光に変質しますよう、力をお貸しください……これで終わらせていただきます。

二つ目は、ヒューレン博士が好んで使う方法で、まず「I'm sorry.」そして「Please forgive me.」と唱えること。これは、何か（その実体をあなたが知らずとも）があなたの心／体のシステム内に入り込んだことを認知するためのものです。どうして入り込んだかについてあなたは何も知りません。知る必要もありません。例えば、肥満の場合、あなたは単にそうなってしまうプログラムを取り込んだにすぎないのです。「I'm soory.」と唱えることによって、あなたは神に、あなたの中に運び込まれたものについてあなた自身の中に許しを求めていることを、告げていることになります。あなたを許すように神にお願いしているのではありません。あなたがあなた自身を許すのに手を貸してほしいとお願いしているのです。

その上で、「Thank you.」そして「I love you.」と唱えること。「Thank you.」は感謝の表現であり、問題がすべての関係者にとって最も良き形で解決されるに違いないと、あなたが信じていることを示しています。「I love you.」は、エナジーを固着状態から流動状態に変質させます。それは、あなたを神に再結合させる。ゼロ状態が一つの純粋な愛の形であり、ゼロ・リミッツを有することから、あなたは愛を明示することによってその状態に近づいていくのです。

以上が、進化形〈ホ・オポノポノ〉式ヒーリング法の根幹に即した略式バージョンです。〈ホ・

オポノポノ〉のプロセスに基づくセルフ・アイ＝デンティティーのさらなる理解をお望みの方は、講習会《ワークショップ》にご参加ください（www.hooponopono.org 参照）。ヒューレン博士と私の共同事業については、www.zerolimits.info. をご覧ください。

付録C　主導権は誰にある？

APPENDIX C : Who's in Charge?

イハレアカラ・ヒューレン博士

本章をお読みいただき、ご一緒する機会を作っていただいてありがとう。心より感謝しております。

私の愛するセルフ・アイ＝デンティティー・ホ・オポノポノ、そして親愛なるモーナ・ナラマクー・シメオーナ、カフーナ・ラパーウ。一九八二年十一月、彼女はありがたくもそれを私に授けてくださった。

以下は、二〇〇五年の私の日記から抜粋した覚書です。

◆二〇〇五年一月九日

問題は、それがいったいどういうことになっているのか知らなくても解決することができる！

このことに気がついてその価値がわかったときには、ひとえに安堵し、嬉しい限りだ。

存在目的の一部として問題を解決することこそ、セルフ・アイ＝デンティティー・ホ・オポノポノそのものなのだ。問題を解決するためには、必然の疑問が二つ持ち上がる。

「私は誰?」「誰が主導権を握っているのか?」

　宇宙の本質を理解するには、ソクラテスの洞察が手掛かりになる。「汝知るべし」

◈二〇〇五年一月二十一日

誰が主導権を握っているのか?

サイエンス・コミュニティーにいるお歴々を最たるものとして、ほとんどの人々はこの世界を物理的実在ととらえている。近年の、心臓疾患、ガン、糖尿病の原因解明と治療のためのＤＮＡリサーチは、その端的な実例である。

●原因と結果の法則／物理的モデル

原因	結果
欠陥ＤＮＡ	心臓疾患
欠陥ＤＮＡ	ガン
欠陥ＤＮＡ	糖尿病
形而下の物質	肉体の問題
形而下の物質	環境の問題

知性、もしくは〝顕在意識〟は、それが解決に導き、物事と体験をコントロールすると信じている。

その著書“The User Illusion : Cutting Consciousness Down to Size”において、科学ジャーナリストのトール・ノーレトランダースは、「自覚」を異なる視点で解き明かしている。彼が特に関心を向けているのは、サンフランシスコ・カリフォルニア大学の教授、ベンジャミン・リベットの研究リサーチであり、それによると、意志決定は自覚する以前に行われており、意志決定をしているつもりの知性はこのことに気がつかない。

ノーレトランダースはまた、知性が自覚するのは、毎秒数百万点にも及ぶ無意識下の情報の一五～二〇ビットにすぎないという研究リサーチをも引用している。

知性でも自覚でもないとしたら、ではいったい誰が主導権を握っているのか？

◈二〇〇五年二月八日

記憶の再生は、潜在意識の体験を規定する。

潜在意識は、身代わりの体験として、再生される記憶をそっくり真似して繰り返す。それは、記憶が命ずるままに、振る舞い、見、感じ、決断する。顕在意識でさえ、気がつかないうちに、記憶の再生に命じられるまま機能する。これは研究リサーチで証明されている通りである。

●原因と結果の法則／セルフ・アイ＝デンティティー・ホ・オポノポノ

原因	**結果**
潜在意識下の記憶再生	物理的——心臓疾患
潜在意識下の記憶再生	物理的——ガン
潜在意識下の記憶再生	物理的——糖尿病
潜在意識下の記憶再生	物理的問題——肉体
潜在意識下の記憶再生	物理的問題——世界

記憶の再生が進行中のとき、肉体と世界は潜在意識に帰属する。霊感に帰属するのは稀でしかない。

◈二〇〇五年二月二十三日

霊魂を構成する潜在意識と顕在意識は、自らは発想、思考、感情、行動を生み出さない。すでに記した通り、これらの体験は、記憶の再生と霊感を通した〝身代わり〟である。

しかして人は慣例に従いつ解釈せりければ
それらが志すところより自らの手で清めよ

――ウィリアム・シェイクスピア

要するに、霊魂はそれ自体の体験を生み出すことはなく、記憶が見るように見、記憶が感じるように感じ、記憶が振る舞うように振る舞い、記憶が決断するように決断することを、自覚すること。霊魂が見るように、感じるように、振る舞うように、決断するように、見、感じ、振る舞い、決断するのは稀である。

問題解決において決定的に重要なことは、肉体と世界のそれ自体、もしくはそれらの内にあるものが問題なのではなく、潜在意識下で再生される記憶がもたらす効果、帰結だということに気づくこと。すると、主導権を握っているのは？

哀れなる魂よ　我が罪深き大地の核よ
汝が配せし反逆の力（の虜となりて）
何故の内なる嘆きか　欠乏の悩みなる
汝が外壁なるをさも徒《いたずら》に糊塗《こと》すべきか

――ウィリアム・シェイクスピア

［図1］空の状態

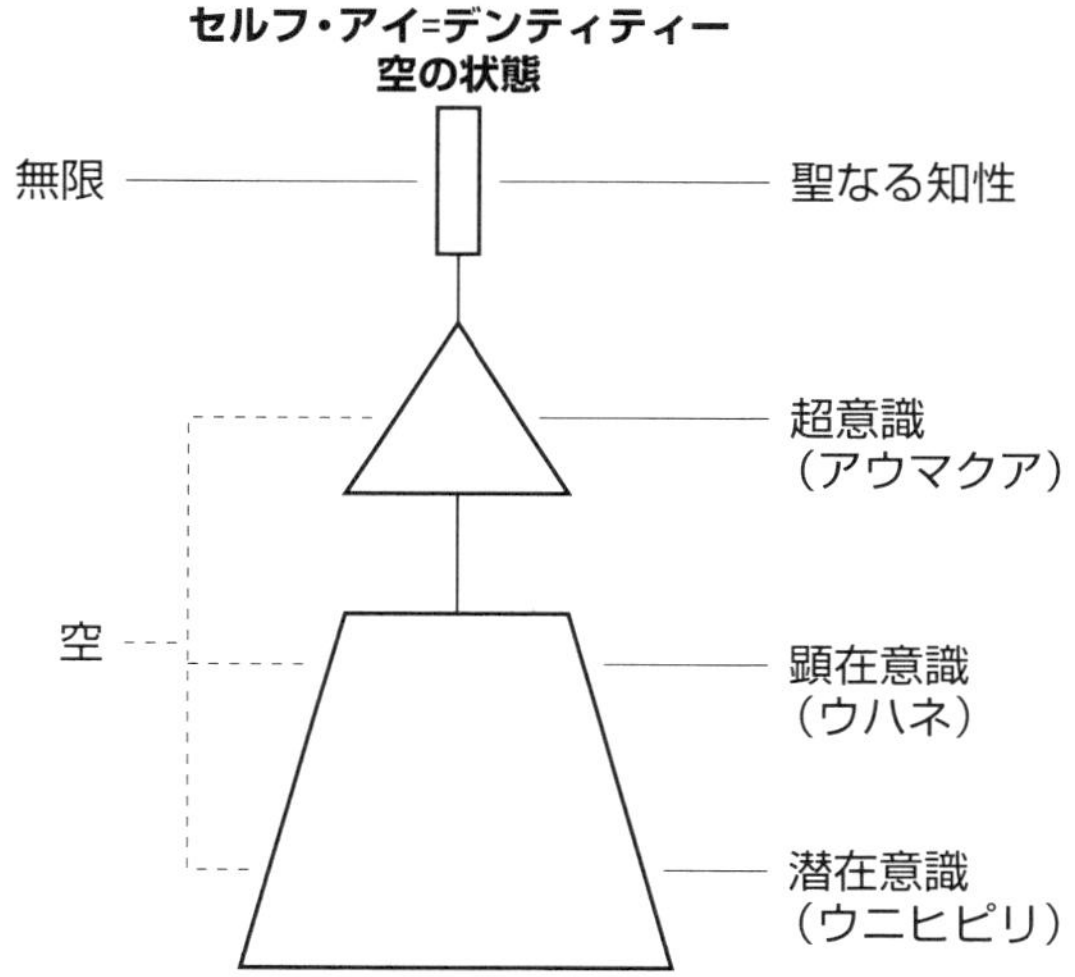

◆二〇〇五年三月十二日

〝空《くう》〟は、精神の、宇宙の、セルフ・アイ=デンティティーの〝基礎〟である。聖なる知性より潜在意識に霊魂が吹き込まれる先駆的状態である（図1参照）。

科学者たちはおしなべて、宇宙が無から産み落とされたこと、時が来れば無に帰するということを知っている。森羅万象はゼロに始まり、ゼロに終わる。

——チャールズ・サイフェ

"Zero: The Biography of a dangerous life"

記憶の再生は、あらかじめ霊魂の顕現を排除してセルフ・アイ=デンティティーの空を追い払う。この排除を矯正するには、セルフ・アイ

＝デンティティーを再構築し、聖なる知性による〝変質〟を通して、記憶を空に変換することが必要である。

清めよ、消去せよ、そして自らの理想郷《シャングリラ》を見つけるべし？
どこに？　あなたの内にて。

——モーナ・ナラマクー・シメオーナ、カフーナ・ラパーウ

石なる塔も　鍛えたる真鍮《しんちゅう》の壁も
閉ざされし地下牢も　鋼鉄の鎖も
力強き精神を繋《つな》ぎ止められはせぬ

——ウィリアム・シェイクスピア

◈二〇〇五年三月二十二日

存在は聖なる知性よりの贈り物である。そしてこの贈り物は、問題解決を通してセルフ・アイ＝デンティティーを再構築する目的でのみ与えられる。セルフ・アイ＝デンティティー・ホ・オポノポノは、古代ハワイより伝わる〝悔悛〟と〝許し〟と〝変質〟の問題解決プロセスを進化させたものである。

［図2］霊感の状態と記憶再生の状態

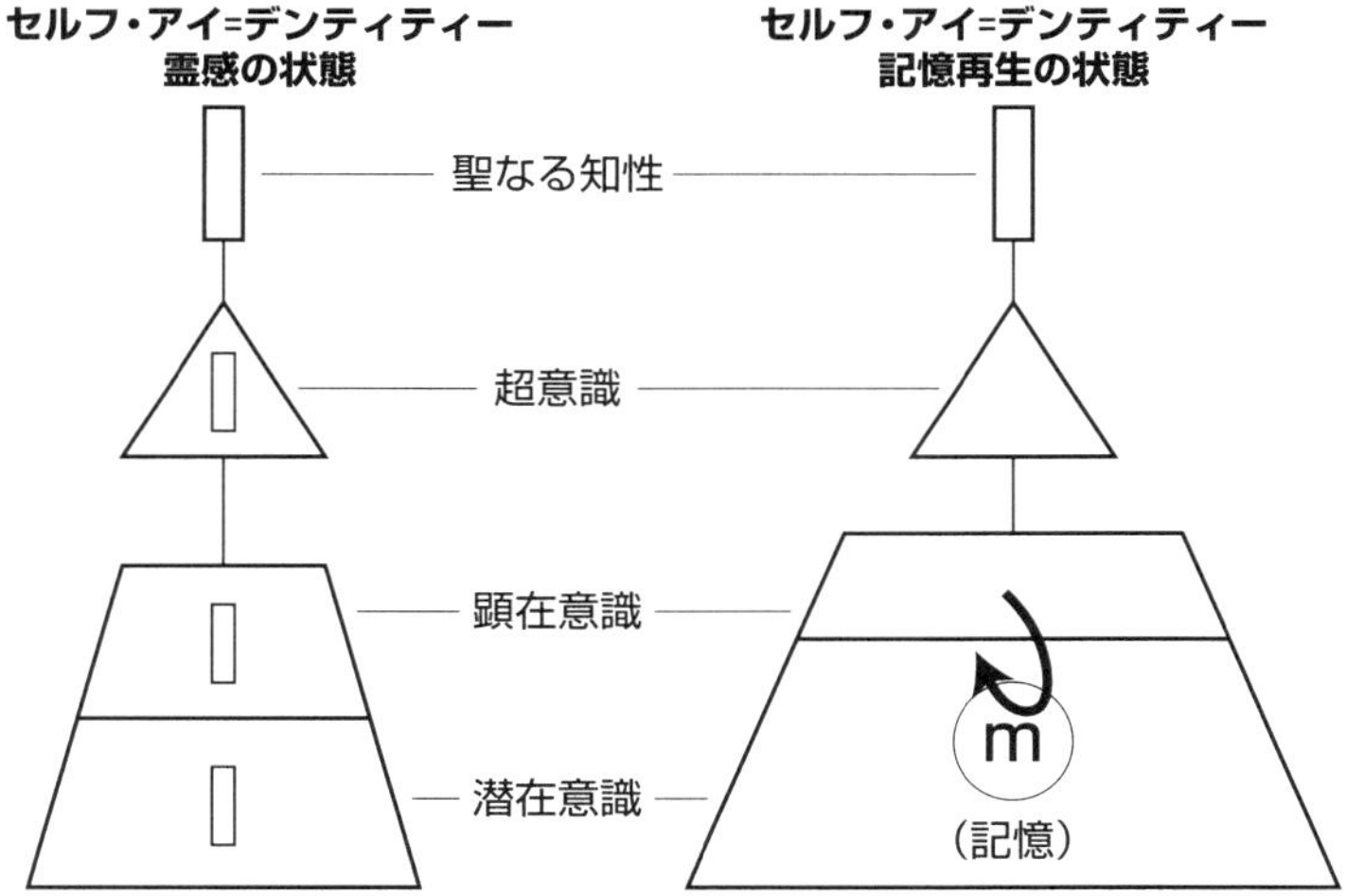

裁くなかれ　されば汝も裁かれぬ
咎めるなかれ　されば汝も咎められぬ
許すべし　されば汝も許されよう

――ルカ伝・六

〈ホ・オポノポノ〉には、セルフ・アイ＝デンティティーの四つの要素――聖なる知性、超意識、顕在意識、潜在意識――のそれぞれが、フルに参加して一つのユニットとして機能する。各要素とも、潜在意識下で再生される記憶を消去するに当たって、ユニークな役割と機能を果たす。

〝超意識〟には記憶が一切なく、潜在意識下の記憶再生に何ら影響を受けない。常に聖なる知性と一体化している。聖なる知性が移動すれば、超意識も移動する。

セルフ・アイ＝デンティティーは霊感と記憶によって管理される。記憶もしくは霊感のいずれかのみが、任意の瞬間において潜在意識の支配下に置かれる。セルフ・アイ＝デンティティーの霊魂は、一時に一個の主のみに従い、それは往々にして〝バラ〟の霊感ではなく〝棘《とげ》〟の記憶である（図2参照）。

◈二〇〇五年四月三十日

我は我が悲哀を自ら浪費す

――ジョン・クレア（詩人）

「空」は、セルフ・アイ＝デンティティー全般において、〝生気あるもの〟と〝生気なきもの〟いずれにとっても、〝共通基盤〟であり、平衡装置である。それは不滅であり、可視、不可視を問わず、宇宙全体の不変の基盤である。

我々はこれら真実を自明の理とし、すなわち、すべての人間（生命体）は等しく創造されたと……

――トーマス・ジェファーソン『アメリカ独立宣言』

再生される記憶はセルフ・アイ＝デンティティーの共通基盤を放逐し、霊魂をその本来の実在位置である空と永劫《えいごう》から遠ざけようとする。ただし、空は記憶に放逐されても破壊はされない。何ものも破壊されないとは、これいかに？

そのものに反して分かたれた家は建っていられない

——エイブラム・リンカーン

◈二〇〇五年五月五日

セルフ・アイ＝デンティティーが現実の瞬間のセルフ・アイ＝デンティティーになるには、〝絶え間のない〟ホ・オポノポノを必要とする。絶え間のないホ・オポノポノは決して休息を取ることはできない。絶え間のないホ・オポノポノは決して退去できない。絶え間のないホ・オポノポノは決して眠らない。絶え間のないホ・オポノポノは決して止むことはなく……〟

……汝喜びを胸に抱く日々にあってこそ
知られざる（記憶を再生する）邪悪が背後に忍び寄る

——ジェフリー・チョーサー『カンタベリー物語』

［図3］悔悛と許し

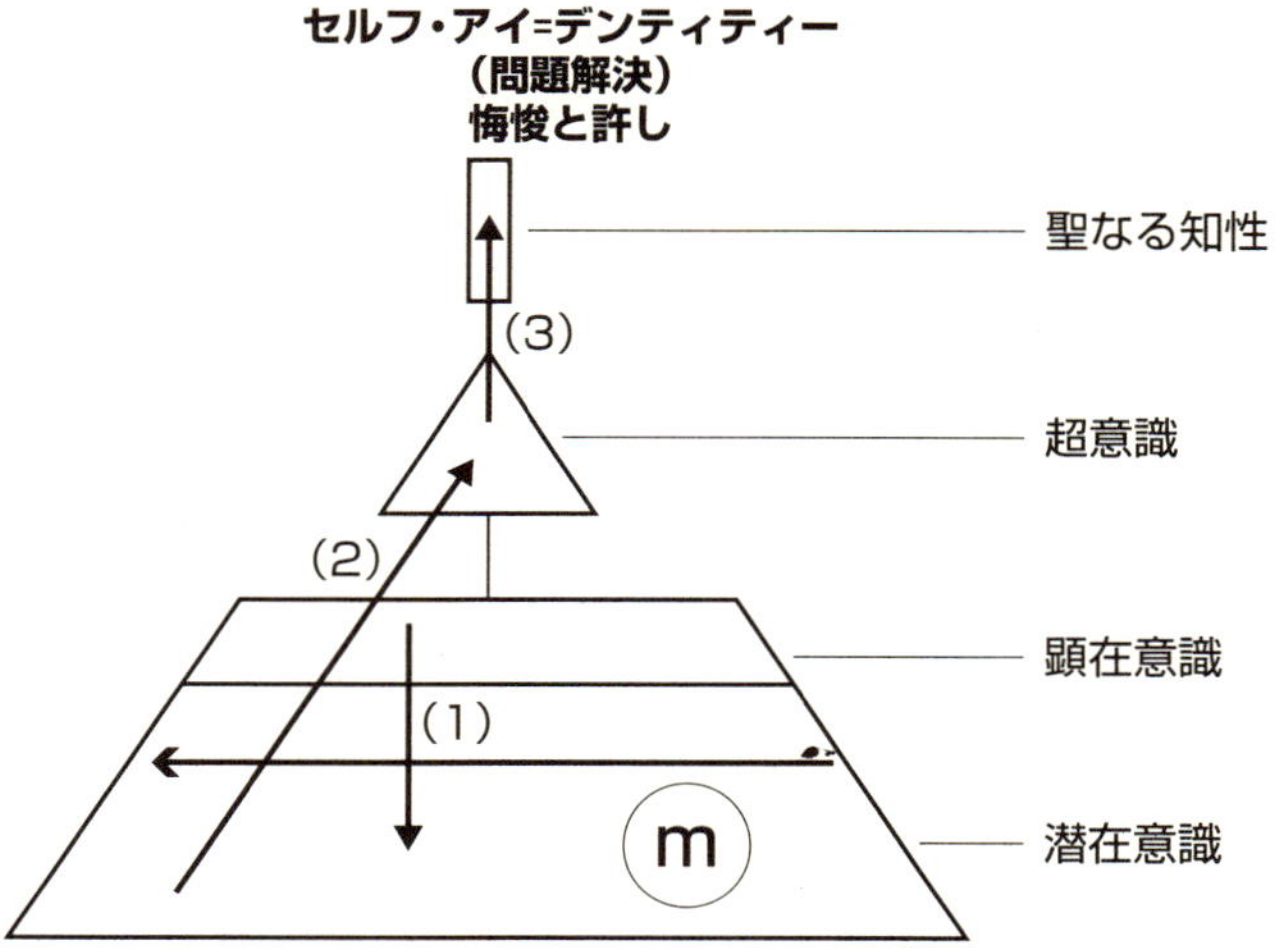

◈二〇〇五年五月十二日

顕在意識は、ホ・オポノポノ・プロセスを立ち上げて記憶を解放し、もしくは、咎めと思考に束縛することができる（図3参照）。

（1）　顕在意識は、問題解決のためのホ・オポノポノ・プロセスを立ち上げ、聖なる知性に懇願して、記憶を空に変質させる。それは、問題が潜在意識下で再生される記憶であると認めつつ、それらに一〇〇パーセントの責任を負う。懇請は顕在意識から降りて潜在意識へと至る。

（2）　潜在意識へ降りていく懇請は、ゆっくりと記憶を変質へと煽動する。そこから、懇請は潜在意識より超意識へと昇ってい

［図4］聖なる知性による変質

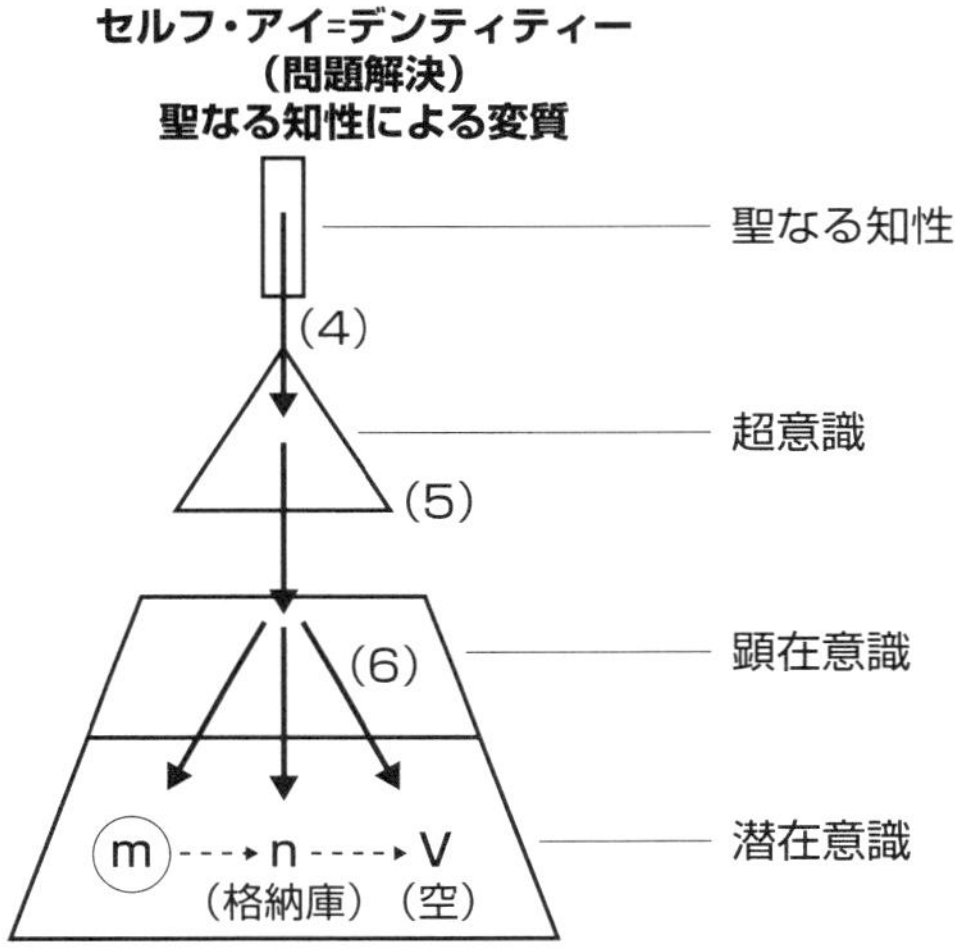

く。

(3)　超意識はその懇請を再検討し、適切な変更を行う。それは常に聖なる知性と共鳴しているがゆえに、再検討と変更実施の能力を持つ。懇請はそれから聖なる知性へと送られ、最終的な検討と考察が行われる。

(4)　超意識によって送られてきた懇請を再検討した後、聖なる知性は変質エナジーを超意識に送り授ける。

(5)　変質エナジーは続いて、超意識から顕在意識に送り届けられる。

(6)　そして、変質エナジーは、顕在意識からさらに潜在意識に流し送られる。その変質エナジーはまず、指定された記憶を中和する。
中和されたエナジーは次に格納庫へと解放され、あとに空が残る。

◆二〇〇五年六月十二日

思考と咎めは再生されている記憶である（図2参照）。

霊魂は、何が行われているかまったく知らないうちに、聖なる知性によって霊感を受けることができる。霊感、すなわち神が創造したものを手に入れるのに唯一必要なのが、セルフ・アイ＝デンティティーがセルフ・アイ＝デンティティーになることである。セルフ・アイ＝デンティティーになるためには、〝絶え間のない〟記憶の浄化が欠かせない。

記憶は絶えず潜在意識に住み着き、休息を取ることもなく、退去することもなく、決して潜在意識から離れようとしない。記憶はその絶え間のない再生を決して止めようとしない！

法律家の話

おお　不意なる悩み事とは近しき隣人にありて
憂き世の定めなりしか！　振り撒《ま》かれる憎悪に

喜びは終焉し　我ら皆俗界の労苦に苛まれん！
悩ましき悲哀は我らが請い求める目標を占拠す
己が安穏のためにはそを些少《さしょう》とは思うべからず
かくて　汝喜びを胸に抱く日々にあってこそ
知られざる邪悪が背後に忍び寄ると知るべし

——ジェフリー・チョーサー『カンタベリー物語』

記憶ときっぱり手を切るのは、これを最後とそれらを無に浄化してしまうことである。

＊　　＊　　＊

一九七一年、アイオワにて、私は再び、文字通りに小躍りしました。愛する「M」、私たちの娘が誕生した瞬間でした。

妻がMの面倒を見ているほどに、私はより深く、深く、二人と恋に落ちてしまいました。いまや私はすばらしき二人の愛する対象を得たのです。

その春、ユタ州の学校をつつがなく修了した妻と私には、二つの選択肢がありました。故郷のハワイに戻るか、アイオワでの職業訓練を続けるか。

ハークアイ・ステイト（アイオワ州の俗称）で暮らし始めた私たちにとって、それは切迫したハードルとして立ち塞がっていました。何よりも、病院から連れ帰ったMがなかなか泣き止まないという問題もあったのです。

さらには、アイオワを襲った今世紀始まって以来の極寒の冬という問題も。何週間もの間、毎朝、私はアパートのドアを中から蹴り開け、その縁に手を叩きつけて、向こう側に張り付いた氷を砕かねばなりませんでした。

生後一年経った頃、Mの毛布が血で汚れているのに気がつきました。この文章を書いているいまだからこそ言えることなのですが、当時娘が絶えず泣き止まなかったのは、生後しばらくしてから患《わずら》った重度の皮膚病に対する反応だったのです。

私は、自らの体をかきむしりながら断続的な眠りに落ちるMをなすすべもなく見つめながら、幾夜、涙をこぼしたことでしょうか。ステロイド投薬も彼女にはほとんど効き目がありませんでした。

三歳になる頃には、Mの肘や膝の関節部にできたひび割れに絶え間なく血が滲《にじ》むようになっていました。手の指や足の親指の関節部周辺にも、血の滲んだひび割れができて、腕の内側や首周りは分厚いかさぶたで覆われていました。

それから九年後のある日、Mとその妹を乗せて車で家に帰る途中のことでした。突然、何の前触れの意識もなく、私は車を反転させ、ワイキキにある私のオフィス方向に向かっていたのです。

「おや、あなたたち、来てくださったのね」彼女のオフィスに並んで入っていった私たち三人に、モーナは静かにそう言いました。デスクの上の書類を無造作に押しやった彼女は、Mを見上げて「何か私に訊きたいことがあったの？」と優しく問いかけたのです。

Mは両腕を大きく差し出し、それらのいたるところにまるでフェニキア文字のような痕を残す傷の痛みに、何年間も悩んできたことを伝えました。「わかったわ」

モーナはそう答えて目を閉じました。

モーナはいったい何をしたのかと言えば、それこそセルフ・アイ＝デンティティー・ホ・オポノポノの創始者によるセルフ・アイ＝デンティティーだったのです。一年後、十三年間にもおよぶ出血、絶え間ない傷跡、痛み、悩みと薬漬けの日々は、ついに終焉を迎えたのでした。

＊　＊　＊

セルフ・アイ＝デンティティー・ホ・オポノポノの一研究生より

◈二〇〇五年六月三十日

人生の目的はセルフ・アイ＝デンティティーになることであり、それは神格がセルフ・アイ＝デンティティーをその正確な外観、空と無限に創造したからである。

人生の体験はすべからく、再生される記憶と霊感の表れである。憂鬱、思案、非難、貧困、憎悪、そして悲哀は、シェイクスピアがソネットの一つに書き止めたように、〝嘆き尽くしたるを嘆く〟ことである。

顕在意識に与えられた選択肢とは、絶え間なく浄化を始めるか、記憶に絶え間なく問題再生を許すかのいずれかである。

◈二〇〇五年十二月十二日

独り善がりの意識は、聖なる知性からの何よりも大切な贈り物、セルフ・アイ＝デンティティーに気がつかない。ということは、何が問題なのかもわからない。こんな無知では、問題の解決などとても覚束ない。哀れな霊魂は、その存在を絶え間なく、意味もなく、嘆くのみ。なんと寂しいことか。

顕在意識は、セルフ・アイ＝デンティティーの贈り物〝すべての理解を超えた富〟に目を開かねばならない。

セルフ・アイ＝デンティティーは、その創造者、聖なる知性がそうであるように、不滅で不変である。無知は結果として、無分別で容赦のない貧困、疾病、世代から世代へと受け継がれる戦争と死の、偽りの現実を生み出す。

◈二〇〇五年十二月二十四日

物質は、そのセルフ・アイ＝デンティティーの魂に宿る記憶と霊感の表れである。セルフ・アイ＝デンティティーの状態を変えよ。さすれば、物質的世界の状態も変わる。

誰が主導権を握っているのか、霊感か、再生される記憶か？　選択は顕在意識に委ねられている。

◈二〇〇六年二月七日（この項のみ二〇〇六年）

以下の四つのセルフ・アイ＝デンティティー問題解決プロセスを実践することで、潜在意識下で問題を再生する記憶を〝空に〟することによるセルフ・アイ＝デンティティー再構築が適用可能になる。

1　「I love you.」

問題を再生する記憶を精神的に体験した場合、心の中で、もしくは黙って、次のように唱えること。「I love you. 親愛なる記憶殿。あなたと私をそっくり自由にする機会を与えてくれてありがとう」。「I love you.」は何度でも黙って繰り返すと良い。記憶は決して休息を取らず、あなたがそれらを退けない限りどこへも行かない。「I love you.」は、あなたが問題を自覚していない場合にも使える。

例えば、電話をかける、受ける、どこかへ出かけようと車に乗る、というようなことでさえ、実際に行動を起こす前に適用するとよい。

汝の敵を愛せよ　汝を憎む者たちに尽くせよ

——ルカ伝：六

2 「Thank you.」

これを「I love you.」と併せて、もしくは、代わりに使うと良い。「I love you.」同様、心の中で何度も何度も繰り返し唱えること。

3 青い太陽水

たっぷりと水を飲むことは、問題解決にすばらしい効き目がある。とりわけ、それが〝青い太陽水〟であればなお良い。金属の蓋のない青いガラス容器を用意して、これに水道水を満たす。

この容器を、太陽の下か白熱灯（蛍光灯ではだめ）の下に、一時間以上放置する。こうして〝露光された《ソラライズ》〟水はいろいろに使える。飲む。それで冷やす。風呂やシャワー上がりにリンスする。

果物や野菜は、青い太陽水で洗われるのが大好きだ！「I love you.」や「Thank you.」のプロセス同様、青い太陽水は潜在意識下で再生される記憶を空にする。

さあ、すぐに飲もう！

4　イチゴとブルーベリー

イチゴとブルーベリーは記憶を空にする。生で食べてもドライにした状態で食べてもよい。ジャムやジェリーにして食べても、アイスクリームにかけるシロップにして食べてもよい。

◈二〇〇五年十二月二十七日（再び、二〇〇五年）

二カ月ほど前、セルフ・アイ＝デンティティー・ホ・オポノポノに欠かせない〝キャラクターになりきって語る〟アイディアが浮かんだ。お手すきのときにでも、改めて以下の通り、お見知りおきいただければ幸いである。

セルフ・アイ＝デンティティー

私、セルフ・アイ＝デンティティーは、次の四つの要素、聖なる知性、超意識、顕在意識、潜在意識から成り立っています。私の実体、空と無限は、聖なる知性の正確なレプリカです。

聖なる知性

私は聖なる知性です。私は造物主です。私はセルフ・アイ＝デンティティーと霊感を創造します。私は記憶を空に変質させます。

超意識

私、超意識は、顕在意識と潜在意識を監督します。顕在意識によって起こされた聖なる知性へのホ・オポノポノ請願を検討し、適切な変更を行います。私は、潜在意識下で再生される記憶にまったく影響を受けません。私は常に聖なる知性と一体化しています。

顕在意識

私、顕在意識は、選択する権利を持っています。私は、絶え間なく潜在意識と私に対し、記憶が指図するのを許すことができます。あるいは、その記憶を絶え間ないホ・オポノポノを通して解放に導くこともできます。私は、聖なる知性に指示を申請することができます。

潜在意識

私、潜在意識は、創世記より蓄積されてきた記憶がすべて格納されている倉庫です。

私は、記憶の再生もしくは霊感による体験が、体験される場所であり、記憶が再生され、霊感が生まれる間、肉体と世界が帰属する場所です。私は、記憶の反応からもたらされる問題が住み着いている場所です。

空《くう》

私、空は、セルフ・アイ＝デンティティーと全宇宙の基礎です。私の下で霊感は永劫なる聖なる知性より湧き出ます。潜在意識下で再生される記憶は私を放逐しますが、私を破壊することはできません。私は、聖なる知性より流れ出る霊感を阻《はば》むこともできません。

永劫

私は永劫なる聖なる知性です。霊感は、朽ち易いバラの花びらのように、私より流れ出てセルフ・アイ＝デンティティーの〝空〟に注ぎ込み、記憶の〝棘〟によって容易《たやす》く打ち負かされてしまいます。

霊感
私は霊感です。永劫なる聖なる知性の創造物です。空より現れ、潜在意識に入ります。私は、まっさらの出来事として体験されます。

記憶
私は記憶です。潜在意識下に眠る、過去の体験の記録です。何かに反応して、過去の体験を再生します。

問題
私は問題です。私は、潜在意識下で再び過去の体験を再生する記憶の一つです。

体験
私は体験です。私は、潜在意識下の記憶再生もしくは霊感がもたらす一効果です。

経常システム
私は経常システムです。私は、空、霊感、潜在意識とともにセルフ・アイ＝デンティティーに影響を及ぼします。

ホ・オポノポノ

私はホ・オポノポノです。私は、一九八三年にハワイの人間国宝と認定されたカフーナ・ラパーウ、モーナ・ナラマクー・シメオーナによって現代風にアレンジされた、古代ハワイの問題解決システムです。私は、悔悛、許し、変質の三つの要素から成り立っています。私は、顕在意識より聖なる知性に向けて発せられる懇請であり、記憶を空にしてセルフ・アイ＝デンティティーを再構築します。私は顕在意識の中で始まります。

悔悛

私は悔悛です。記憶を空に変換するため、聖なる知性への懇請として、顕在意識より発せられるホ・オポノポノ・プロセスの初期段階です。私とともに、顕在意識は、潜在意識下で創られ、受け容れられ、蓄積された問題を記憶が再生することの責任を認知します。

許し

私は許しです。悔悛同様、私は、潜在意識下で記憶が空に変質されるよう、顕在意識が聖なる知性に送る懇請です。顕在意識は悲しみに暮れるのみならず、聖なる知性に許しを請います。

変質

私は変質です。聖なる知性は、私を使って潜在意識下の記憶を中和し、空に解放します。私を使えるのは聖なる知性だけです。

富

私は富です。私はセルフ・アイ゠デンティティーです。

貧困

私は貧困です。私は記憶の身代わりです。私は、あらかじめ潜在意識に聖なる知性より霊感が吹き込まれるのを阻止し、セルフ・アイ゠デンティティーを放逐します。

以上の覚書を終えるに当たって、もしあなたがセルフ・アイ゠デンティティー・ホ・オポノポノのウィークエンドクラスを受講されることをお考えなら、この付録をお読みいただくことが必ずや〝予習〟としてお役に立てると信じます。

すべての理解を超えた平穏をあなたに。

O Ka Maluhia no me oe.

平穏があなたとともにありますように。

イハレアカラ・ヒューレン博士
名誉チェアマン
わたし《アイ》財団法人　自由なる宇宙

訳者あとがき――まだ見ぬ悔悛と許しと変質

二〇〇八年三月某日、都内某ホテルのレセプションホールは、訳者と本書の担当編集者・木南勇二氏を除いて、無人だった。そこに、二人の女性に付き添われて現れた初老の人物を目に留めた時、とりたてて不思議で異様なオーラは感じなかった。ただなぜか、偶然出会った年来の知人のようでいて、そのくせ、たったいまここで会う予定を思い出させてくれたような〝心地よい距離〟があった。アポロキャップを目深に被り、地味なジャンパーとコットンシャツに着古したパンツのその人こそ、本書の共著者でセルフ・アイ＝デンティティー・ホ・オポノポノの伝道師（という表現がはたして適切なのかどうかも自信がない）、イハレアカラ・ヒューレン博士だった。

挨拶を交わした後、同ホテルの小さな会議室で五人がおもむろに話し合ったことは、本書に詳細に書かれている内容とほぼ重複する以上、ここでそれを詳《つまび》らかにするほどのこともない。しかし、終始言葉少なに控えめな姿勢を保っていた博士が、そろそろお開きにしようかという頃になって、しばし訳者の名刺をじっと見つめてからやおら語りかけてきたひとときの〝事件〟を、訳者はおそらく終生、忘れないだろう。

あくまでも個人的な内容である以上、それをここに書き留めるのは控えさせていただくが、その瞬間から、訳者が何かの糸口をつかみかけたことだけは正直にお伝えしておきたい。とはいえ、むろん、このハワイ発のヒーリングシステムが理解できたと言うのは、あまりにも畏《おそ》れ多く、軽率に過ぎる。強いて述べるなら、訳出中ほぼ全編を通じて、ちょうど、本書の主たる筆者、ジョー・ヴィターリ氏もそうだったように、ホ・オポノポノなるもののとらえどころのない正体に翻弄され続けてきた戸惑い（と密かな楽しみ）が、明確に言葉にはできないまでも、吹っ切れ、うっすらとでも目が開かれる思いだったという程度にしておこう。

なお、訳出上の固有名詞表記については、一部を除き原則としてヒューレン博士本人から「任せる」とのお墨付きをいただいたことをお断りしておく。博士曰く「（翻訳者の）君が良かれと思うままにするのが一番だ」ということである。

お読みいただければおわかりかと思うが、本書は実に風変わりな構成と進行で書かれている。要するに、終章近くまでホ・オポノポノとヒューレン博士の成し遂げた〝奇蹟〟に懐疑的な印象を捨て切れないヴィターリ氏が、さまざまな伝聞、体験、思索、およびヒューレン博士との触れ合いと問答を積み重ねて行く形を取っているのだ。しかるべくして、訳者もそうだったように、読者はじわじわと欲求をかき乱されるような感覚で、謎、もしくはホ・オポノポノの何たるかを紐解く物語の旅に誘われて行くことだろう。

受け取り方は人それぞれである。キリストの教えとほぼ同じと感じる人もいれば、いや似ているようで何かが違うと感じる人もいるかもしれない。例えば、訳者は未だにすべてを判断しかねている。つまり、ヴィターリ氏も最後まで吐露しているように、他人の問題を知った時点でそれはすでに自分の問題になっているのだと自覚するのは、どうも抵抗がある。ないしは、できるかどうか、正直自信がない。ただ、信じる信じないを超越したところで、自力の及ぶ範囲で〝委ねて〟しまっていいような気になっているのは確かだ。

とはいえ、例の会見でヒューレン博士にも明言したように、本書の訳出に当たってはあくまでも触媒としての中立の姿勢を貫き、思い入れや信心に傾くような〝超訳〟には一切走らなかったつもりである。この原稿が本の形になったとき、改めてじっくりと読みなおすことから、急がず焦らずホ・オポノポノへのアプローチを志してみようかと思っている。ひとまずは、何か迷いを覚えたときに心を落ち着けるためだけの目的でも、「I love you.」「Please forgive me.」「I'm sorry.」「Thank you.」と唱えながら。

二〇〇八年六月

東本貢司

いますぐゼロ・リミッツを体験したい方へ

ご希望の方には、両著者のライブプレゼンテーションを収めたオーディオＣＤをダウンロードして受講できるオンライン講座や、ゼロ・リミッツを実際に体験するセミナーもご用意しています。詳しくは下記ＵＲＬへ。

http://blog.hooponopono-asia.org/（日本）

http://www.self-i-dentity-through-hooponopono.org/（ＵＳＡ）

〈著者略歴〉
ジョー・ヴィターリ（Joe Vitale）
マーケティングコンサルティング企業“Hypnotic Marketing, inc.”代表。霊的パワーとマーケティング的眼識を組み合わせたユニークな仕事で「インターネット界のブッダ（釈迦）」との異名を取る。主なクライアントにレッド・クロス社、ＰＢＳ、Children's Memorial Herman Hospitalなど。ナンバー１ベストセラーとなった“The Attractor Factor”他著書多数。大ヒットした映画“The Secret”にも出演。www.mrfire.com

イハレアカラ・ヒューレン（Ihaleakala Hew Len, Ph.D.）
富、健康、平穏、幸福を達成するハワイの秘法〈セルフ・アイ＝デンティティー・ホ・オポノポノ〉の伝道師。同現代版の研究会を主宰して世界各国を周遊。長年にわたって国際連合、ユネスコ、世界平和会議、ハワイ州立講師連盟などに貢献。過去には、身障者や精神を病んだ犯罪者の治療・更生に多大な実績を上げて名声を博す。
http://blog.hooponopono-asia.org/（日本）
http://www.self-i-dentity-through-hooponopono.org/（ＵＳＡ）

〈訳者略歴〉

東本貢司（ひがしもと　こうじ）

大阪生まれ。英国パブリックスクール修了、国際基督教大学卒。

著書に『イングランド／母なる国のフットボール』（日本放送出版協会）、訳書に『ベッカム』『スティング』『善と悪』『ユーカリ』（以上、ＰＨＰ研究所）、『ロイ・キーン』『ガッザの涙』（以上、カンゼン）、『「ダ・ヴィンチ・コード」イン・アメリカ』（白夜書房）、『わたしを殺して、そして傷口を舐めて。』（エンターブレイン）など。

www.koji-higashimoto.com

装幀　印牧真和

あなたを成功と富と健康に導く
ハワイの秘法

2008年7月17日　第1版第1刷発行
2008年8月22日　第1版第4刷発行

著　　者　ジョー・ヴィターリ
　　　　　イハレアカラ・ヒューレン
訳　　者　東　本　貢　司
発 行 者　江　口　克　彦
発 行 所　ＰＨＰ研究所

東京本部　〒102-8331　千代田区三番町3番地10
文芸出版部　☎03-3239-6256(編集)
普及一部　☎03-3239-6233(販売)
京都本部　〒601-8411　京都市南区西九条北ノ内町11

PHP INTERFACE　http://www.php.co.jp/

制作協力
組　　版　ＰＨＰエディターズ・グループ
印 刷 所
製 本 所　凸版印刷株式会社

ISBN978-4-569-69738-3

PHPの本

脳を活かす勉強法

奇跡の「強化学習」

茂木健一郎 著

喜びとともに脳の強化回路が回る学習、集中力、記憶力が増す方法、読書の仕方……眠っていた脳がグングン動き出す茂木式勉強法！

定価一、一五五円
（本体一、一〇〇円）
税五％